古典文獻研究輯刊

三九編

潘美月・杜潔祥 主編

第 25 冊

鄭汝諧《論語意原》、陳士元《論語類考》點校(下)

鍾雲瑞、李樂 著

國家圖書館出版品預行編目資料

鄭汝諧《論語意原》、陳士元《論語類考》點校（下）／鍾
雲瑞、李樂 著 -- 初版 -- 新北市：花木蘭文化事業有限公司，
2024〔民113〕
目 4+148 面；19×26 公分
（古典文獻研究輯刊 三九編；第 25 冊）
ISBN 978-626-344-945-9（精裝）
1.CST：（宋）鄭汝諧 2.CST：（明）陳士元 3.CST：論語意原
4.CST：論語類考 5.CST：注釋
011.08   113009816

ISBN-978-626-344-945-9

古典文獻研究輯刊
三九編　第二五冊　　　　　　ISBN：978-626-344-945-9

鄭汝諧《論語意原》、陳士元《論語類考》點校（下）

作　　者　鍾雲瑞、李樂
主　　編　潘美月、杜潔祥
總 編 輯　杜潔祥
副總編輯　楊嘉樂
編輯主任　許郁翎
編　　輯　潘玟靜、蔡正宣　美術編輯　陳逸婷
出　　版　花木蘭文化事業有限公司
發 行 人　高小娟
聯絡地址　235 新北市中和區中安街七二號十三樓
　　　　　電話：02-2923-1455 ／傳真：02-2923-1452
網　　址　http://www.huamulan.tw 信箱 service@huamulans.com
印　　刷　普羅文化出版廣告事業
初　　版　2024 年 9 月
定　　價　三九編 65 冊（精裝）新台幣 175,000 元

鄭汝諧《論語意原》、陳士元《論語類考》點校（下）

鍾雲瑞、李樂　著

目次

上 冊

論語類考卷六

人物考第一

孔子

元按：《史記・世家》：「孔子名丘，字仲尼。其先宋人，父叔梁紇，母顏氏，以魯襄公二十二年庚戌之歲十一月庚子，生魯昌平鄉郰邑，生而圩頂，因名曰丘。」《本姓解》云：「孔子之先，宋之後也。微子啟，帝乙之元子，紂之庶兄，以坼內諸侯入為王卿士。武王克殷，封紂之子武庚於朝歌。武王崩，而與三叔作難，周公相成王，東征之，乃命微子為殷後，國於宋。其弟曰仲思，名衍，或名泄，嗣微子之後，號微仲，生宋公稽。二微雖為宋公，而猶以微之號自終，至於稽，乃稱宋公焉。宋公生丁公申，申生緡公共及襄公熙，熙生弗父何及厲公方祀，弗父何以下，世為宋卿。何生宋父周，周生勝，勝生正考甫，考甫生孔父嘉，五世親盡，別為公族，故後以孔為氏焉。孔父生子木金父，子木金父生睪夷，睪夷生防叔，避華氏之禍而奔魯。防叔生伯夏，伯夏生叔梁紇，求婚顏氏女，曰徵在。徵在既廟見，以夫之年大，懼不得有男，而私禱尼丘之山以祈焉，生孔子，故名丘，字仲尼。孔子三歲而叔梁紇卒，葬於防。」《路史》云：「孔子四十有九表，堤眉谷竅，參臂駢脅，腰大十圍，長九尺有六寸，時謂長人。〔註1〕為魯司寇，齊人歸女樂，乃去之，歷聘諸侯，〔註2〕莫能用也。十有三年而歸於魯，然後樂正禮得，乃刪《詩》定《書》，繫《周易》，作

〔註1〕謂，湖海樓本、湖北叢書本、叢書集成初編本作「為」。
〔註2〕聘，歸雲別集本作「于」，湖海樓本作「於」，湖北叢書本、叢書集成初編本作「干」。

《春秋》，以示炯戒。自惟商後，而宋不足徵，乃述考志，追《商頌》以續魯，故曰『明王不興，天下其孰能宗予？』不忘宋也。」哀公十六年四月己丑，卒，哀公誄之曰：「旻天不弔，不憖遺一老，俾屏余一人以在位，煢煢余在疚，嗚呼哀哉！尼父！」葬魯城北泗上。西漢平帝元始元年，諡襃成宣尼父。東漢和帝封襃尊侯。〔註3〕後魏文帝太和中，改諡文宣尼父。後周宣帝大象二年，追封鄒國公。隋文帝贈先師尼父，唐太宗贈先師，〔註4〕高宗乾封二年，贈太師，武后封隆道公，玄宗諡文宣王。宋真宗加諡至聖文宣王，元加封大成至聖文宣王。〔註5〕大明嘉靖九年，改稱至聖先師孔子，群賢皆改封爵稱子云。

孔鯉

朱子曰：「鯉，孔子之子伯魚也。」

元按：《家語》云：「孔子年十九，娶於宋之亓官氏之女，一歲而生伯魚。時魯昭公遺之鯉，夫子榮君之賜，因名其子為鯉。既長，哀公以幣召鯉，稱疾不行。哀公十二年，年五十卒。」宋封泗水侯。《一統志》云：「鯉墓在宣聖墓東。」

顏路

朱子曰：「顏路，淵之父，名無繇。少孔子六歲，孔子始教而受學焉。」

元按：《三氏志》云：〔註6〕「顏之先出自黃帝，越八世，有曹姓者，始國於邾。至周武王，封其裔為邾子。又六世而邾武公字伯顏者，為魯附庸，遂因武公字為顏氏。後十四世皆事魯，〔註7〕為卿大夫，至為魯邑宰者，即無繇之父也。」《弟子傳》云：「顏無繇，字路，顏回父。父子嘗各異時事孔子。」《家語》云：「孔子始教於闕里，而路受學焉。」唐贈為杞伯，宋封曲阜侯。

顏回

朱子曰：「回，孔子弟子，姓顏，字子淵。」

元按：潘府氏《通紀》云：「顏回父無繇，為魯卿士，娶齊姜氏，以昭公戊子歲十一月丙申生回。」《弟子傳》云：「顏回，魯人，字子淵，少孔子三十歲，年二十九而髮盡白，蚤死。」《家語》云：「回年二十九而髮白，三十二而死。」今較其年，則顏回死時孔子六十一，然伯魚年五十先孔子卒，卒時孔子

〔註3〕尊，歸雲別集本作「成」。
〔註4〕太，四庫本作「大」，據諸本改。
〔註5〕封，湖海樓本、湖北叢書本、叢書集成初編本無。
〔註6〕氏，歸雲別集本作「代」。
〔註7〕事，湖海樓本、湖北叢書本、叢書集成初編本作「仕」。

年七十也，是回死在伯魚之前矣。而顏路請車為椁，子曰：「鯉也死，有棺而無椁。」王肅以為伯魚未死，孔子之設辭耳，豈人情哉？伯魚蓋死在回前，年數錯謬，未可詳也。孔子圍陳、蔡時，年六十三，而回年三十三，孔子稱「從我陳、蔡」，「德行顏淵」，則是時回尚無恙。其後孔子使子貢至楚，楚王欲以書社地封孔子，令尹子西曰：「王之輔相有如顏回者乎？」則回死非三十二歲明矣。唐贈兗國公，配享先聖。元贈復聖公。《一統志》云：「墓在兗州府曲阜縣防山東南二十里。」

仲由

朱子曰：「由，孔子弟子，姓仲，字子路。」

元按：《弟子傳》云：「仲由，字子路，魯之卞人也，少孔子九歲。子路性鄙，好勇力，志伉直，冠雄雞，佩猳豚，陵暴孔子。孔子設禮稍誘子路，子路後儒服委質，因門人請為弟子，後仕衛為大夫。孔悝之邑宰蕢瞶與孔悝作亂，〔註8〕石乞、盂黶攻子路，〔註9〕擊斷子路之纓，子路遂結纓而死。孔子聞衛亂，曰：『嗟乎！由死矣。』已而果死。」《家語》云：「仲由一字季路。」唐贈衛侯，宋封河內侯，改封衛公。

有子

朱子曰：「有子，孔子弟子，名若。」

元按：鄭玄云：「有若，魯人。」《弟子傳》云：「有若少孔子十三歲。」《家語》云：「少孔子三十三歲。」《綱目前編》於周景王八年甲子書魯有若生，是少孔子十三歲，蓋從《弟子傳》也。門人尊有若，不以字行，而稱有子，故後之人遂不知其字耳。孔子沒，弟子以有若狀似孔子，相與師之。曾子曰：「不可。」他日，弟子進問，有若默然無以應。唐贈卞伯，宋封平陰侯。潘府氏《通紀》云：「有若字子若。」薛應旂氏《人物考》云：〔註10〕「有若字子有。」似無據。

曾皙

朱子曰：「皙，曾參父，名點。」

〔註8〕蕢瞶，四庫本作「蕢蕢」，歸雲別集本、湖海樓本作「蕢瞶」，據湖北叢書本、叢書集成初編本改。

〔註9〕盂，四庫本、歸雲別集本、湖海樓本作「壺」，據湖北叢書本、叢書集成初編本改。

〔註10〕氏，湖海樓本、湖北叢書本、叢書集成初編本無。

元按：《弟子傳》云：「曾蒧，字晳。」蒧與點同，乃夏后氏之裔，少康之子曲列封於鄫。《春秋》襄公六年，莒人滅鄫，鄫太子巫求屬於魯，為之大夫，弗聽。昭公四年，莒乃取鄫，巫於是改鄫為曾，遂以為姓。巫生阜，阜生點，點生參，參之子三人：元、申、華，孫西，四世皆賢，不仕於魯。以取鄫故，故點以狂自廢，孔子未嘗裁之，察其志也。不然，則群賢侍坐，孔子方探其用世之志，而點獨異於三子之撰，蓋不仕於魯，亡國之義然爾。洪邁氏云：「傳記所載，曾晳待其子參不慈，至謂因鉏菜誤傷瓜，以大杖擊之仆地，此戰國時人妄為之辭耳。曾晳與子路、冉有、公西赤侍坐，獨蒙『吾與』之褒，則其賢可知。有子如參，而忍擊之幾死乎？孟子謂曾子養曾晳，酒食養志，無擊杖仆地語也。」唐贈宿伯，宋封萊蕪侯。

曾子

朱子曰：「曾子，孔子弟子，名參，字子輿。」

元按：《弟子傳》云：「曾參，南武城人，字子輿，少孔子四十六歲。孔子以為能通孝道，故授之業，作《孝經》十篇。」又所著有《曾子》二卷。《家語》云：「曾參，字子輿。」《博物志》云：「曾參，字敬伯。」唐贈郕伯，宋封郕國公，配享先聖。元贈宗聖公。《一統志》云：「墓在兗州府嘉祥縣南四十里。」

閔子騫

朱子曰：「閔子騫，孔子弟子，名損。」

元按：《弟子傳》云：「閔損，字子騫，少孔子十五歲。」鄭玄氏云：「魯人。」《容齋三筆》云：「《論語》所記孔子與人語，及門弟子並對其人問答，皆斥其名，未有稱字者。雖顏、冉高弟，〔註11〕亦曰回、曰雍。惟至閔子，獨云子騫，終此書無指名。昔賢謂《論語》出於曾子、有子之門人，予意亦出於閔氏。觀其所記閔子侍側之辭，與冉有、子貢、子路不同，可見矣。《韓詩外傳》有孟嘗君請學於閔子之事，妄甚。」唐贈費侯，宋加琅琊公，改封費公。《一統志》云：「墓在濟南府城東五里。」又東昌府范縣南四十里亦有閔子騫墓。

仲弓

朱子曰：「雍，孔子弟子，姓冉，字仲弓。」

元按：《弟子傳》云：「冉雍，字仲弓。」《家語》云：「伯牛之族，少孔子

〔註11〕弟，四庫本、湖海樓本作「第」，據歸雲別集本、湖北叢書本、叢書集成初編本改。

二十九歲。」鄭玄氏云：「魯人也。」子貢曰：「在貧如客，〔註12〕使其臣如借，不遷怒，不深怨，不錄舊罪，是冉雍之行也。」唐贈薛侯，宋封下邳公，改封薛公。《一統志》云：「墓在兗州府曹縣東南五十里。」又東昌府冠縣北二十五里亦有冉雍墓，未知孰是。

冉伯牛

朱子曰：「伯牛，孔子弟子，姓冉，名耕。」

元按：《弟子傳》云：「冉耕，字伯牛。」鄭玄氏云：「魯人。」孔子節小物，則以伯牛侍，曰：「吾以子自屬也。」唐贈魯侯。宋封東平公，改封鄆公。《一統志》云：「墓在兗州府東平州西一十五里。」又滕縣南三里與河南府孟津縣西俱有耕墓，未知孰是。

冉有

朱子曰：「冉有，孔子弟子，名求。」

元按：《弟子傳》云：「冉求，字子有，少孔子二十九歲。」鄭玄氏云：「魯人。」子貢曰：「恭老慈幼，不忘賓旅，好學博藝，省物而勤己，是冉求之行也。」唐封徐侯。宋封彭城公，改封徐公。

子貢

朱子曰：「子貢，姓端木，名賜，孔子弟子。」

元按：《弟子傳》云：「端木賜，衛人，字子貢，少孔子三十一歲。田常作亂，憚高、國、鮑、晏，〔註13〕欲移兵伐魯。子貢一出，存魯，亂齊，破吳，強晉而霸越。〔註14〕子貢好廢舉，〔註15〕與時轉貨貲，相魯、衛，家累千金。卒於齊。」唐贈黎侯。宋封黎陽公，改封黎公。

子夏

朱子曰：「子夏，孔子弟子，姓卜，名商。」

元按：《弟子傳》云：「卜商，字子夏，少孔子四十四歲。孔子既沒，子夏居西河教授，為魏文侯師。其子死，哭之失明。」《家語》云：「子夏，衛人。」

〔註12〕客，四庫本、歸雲別集本作「容」，據湖海樓本、湖北叢書本、叢書集成初編本改。

〔註13〕晏，歸雲別集本、湖海樓本、湖北叢書本、叢書集成初編本無。

〔註14〕強，歸雲別集本作「疆」。

〔註15〕廢舉，歸雲別集本、湖海樓本、湖北叢書本、叢書集成初編本作「舉廢」。

小司馬《索隱》云：「子夏文學著於四科，序《詩》傳《易》。」又孔子以《春秋》屬商，又傳《禮》，著在《禮志》。《陝西通志》云：「郃陽縣有子夏讀書洞。」洪邁氏云：「子夏非魏文侯師也。子夏少孔子四十四歲，孔子卒時，子夏年二十八矣。是時周敬王二十一年，〔註16〕至威烈王二十三年，魏始為侯，去孔子卒時七十五年。文侯為大夫二十二年而為侯，又十六年而卒。姑以文侯之歲計之，則子夏已百三十餘歲矣，方為諸侯師，豈其然乎？」唐贈魏侯，宋封河東公，〔註17〕改封魏公。

子游

朱子曰：「子游，孔子弟子，姓言，名偃。」

元按：《弟子傳》云：「言偃，吳人，字子游，少孔子四十五歲。」《家語》云：「子游，魯人。」《索隱》云：「偃仕魯為武城宰耳。今吳郡有言偃冢，蓋吳人為是。」唐贈吳侯，宋封丹陽公，改封吳公。

子張

朱子曰：「子張，孔子弟子，姓顓孫，名師。」

元按：《弟子傳》云：「顓孫師，陳人，字子張，少孔子四十八歲。」子貢曰：「美功不伐，貴位不喜，不侮不佚，不傲無告，是顓孫師之行也。」唐贈陳伯，宋封宛丘侯，再封陳國公，陞十哲位。

子賤

朱子曰：「子賤，孔子弟子，姓宓，名不齊。」

元按：《家語》云：「宓不齊，字子賤，少孔子三十歲。」《弟子傳》云：「少孔子四十九歲。」然宓姓當作虙。《楚詞辯證補注》云：「虙子賤即伏羲之後。」顏之推《家訓》云：「兗州永昌郡城，〔註18〕舊單父縣地也。〔註19〕東門有子賤碑。〔註20〕以伏生即子賤之後。」《史記》作密不齊，《漢書》伏虔又作服虔。《路史》云：「伏羲之後有伏氏、宓氏、虙氏、密氏、服氏。」豈五字皆可通用耶？子賤所著書有《宓子》十六篇。唐贈單父伯，宋封單父侯。

〔註16〕二，歸雲別集本作「四」。

〔註17〕封，歸雲別集本無。

〔註18〕昌，四庫本、歸雲別集本無，據湖海樓本、湖北叢書本、叢書集成初編本補。

〔註19〕縣，湖海樓本、湖北叢書本、叢書集成初編本無。

〔註20〕門，四庫本、歸雲別集本無，據湖海樓本、湖北叢書本、叢書集成初編本補。

公冶長

朱子曰：「公冶長，孔子弟子。」

元按：《弟子傳》云：「公冶長，齊人，字子長。」《家語》云：「公冶長，魯人，能忍恥，孔子以女妻之。」范甯云：「字子芝。」又《左傳釋例》及《路史》皆云：「公冶氏，魯公族也。」則當為魯人。唐贈莒伯，宋封高密侯。〔註21〕《博物志》云：「公冶長墓在城陽姑幕城東南五里，墓極高。」《一統志》云：「墓在青州府諸城縣西四十里。」

南宮适

朱子曰：「南容，孔子弟子，居南宮，名縚，又名适，字子容，諡敬叔，孟懿子之兄也。」

元按：《論語》有兩南宮适，其一為武王亂臣，其一為孔子弟子。《史記·弟子傳》云：「南宮括，字子容。」《家語》云：「南宮縚。」鄭玄氏注《檀弓》云：「南宮縚，孟僖子之子南宮閱也。」又《左傳》昭公七年，孟僖子將卒，召其大夫云：「屬說與何忌於夫子，以事仲尼，以南宮為氏。」杜預氏注云：「說，南宮敬叔也。」孔穎達氏云：「南宮，氏也；敬，諡也；叔，字也；又字容，又字括，名說，又名縚也。」邢昺氏云：〔註22〕「南宮子容，名縚，名括，又名閱。」夫括與适，閱與說，古字通用。唐贈剡伯，宋封汝陽侯。

樊遲

朱子曰：「樊遲，孔子弟子，名須。」

元按：《弟子傳》云：「樊須，字子遲，少孔子三十六歲。」鄭玄氏云：「齊人。」《家語》云：「魯人。」蓋樊皮之後。唐贈樊伯，宋封益都侯。

淡臺滅明

朱子曰：「淡臺，姓；滅明，名；字子羽。」

元按：《弟子傳》云：「淡臺滅明，武城人，字子羽，少孔子三十九歲。狀貌甚惡，欲事孔子，孔子以為材薄。既已受業，退而修行，行不由徑，非公事不見卿大夫。南遊至江，從弟子三百人，設取予去就，名施乎諸侯。孔子聞之，曰：『吾以貌取人，失之子羽。』」子貢曰：「貴之不喜，賤之不怒，苟利於民矣，廉於行己，是澹臺滅明之行也。」《漢書》云：「夫子既沒，弟子散居四方，

〔註21〕密，四庫本作「宓」，據諸本改。
〔註22〕云，湖海樓本、湖北叢書本、叢書集成初編本作「曰」。

各明夫子之道，而澹臺滅明居楚。」《水經注》云：「澹檯子羽齎千金璧，由延津渡河，陽侯波起，兩蛟夾舟。子羽曰：『吾可以義求，不可以威劫。』操劍斬蛟，蛟死，乃投璧於河，三投而輒躍，乃毀璧而去。」《索隱》云：「吳國東南有澹臺湖，蓋其遺蹟焉。」唐贈江伯，宋封金鄉侯。《一統志》云：「墓在鄒縣西北三十里。」又開封府陳留縣北亦有滅明墓。

原思

朱子曰：「原思，孔子弟子，名憲。」

元按：《弟子傳》云：「原憲，字子思。」鄭玄氏云：「魯人。」《家語》云：「宋人，少孔子三十六歲。」唐贈原伯，宋封任城侯。

公西華

朱子曰：「赤，孔子弟子，姓公西，字子華。」

元按：《弟子傳》云：「公西赤，字子華，少孔子四十二歲。」鄭玄氏云：「魯人。」子貢曰：「齊莊而能肅，志通而好禮，擯相兩君之事，篤雅有節，是公西赤之行也。」唐贈郜伯，宋封鉅野侯。

漆雕開

朱子曰：「漆雕開，孔子弟子，字子若。」

元按：《弟子傳》云：「漆雕開，字子開。」《家語》云：「蔡人，字子若，少孔子十一歲。習《尚書》，不樂仕。」鄭玄氏云：「魯人。」唐贈滕伯，宋封平輿侯。

宰我

朱子曰：「宰我，孔子弟子，名予。」

元按：《弟子傳》云：「宰予，〔註23〕字子我。」又云：「宰我為臨淄大夫，與田常作亂，以夷其族，孔子恥之。」《呂氏春秋》亦云：「陳恒攻宰予於庭。」然《左傳》無宰我與田常作亂之文，是時有闞止，字子我，而田、闞爭寵，子我為田常所殺，豈闞止之字與宰我同，而後人誤引耶？鄭玄氏云：「魯人。」唐贈齊侯，宋封臨淄公，改封齊公。《一統志》云：「墓在曲阜縣西南三里。」

申棖

朱子曰：「申棖，弟子姓名。」

〔註23〕予，湖海樓本、湖北叢書本、叢書集成初編本作「我」。

元按：《家語》云：「申續，字周。」而無申棖姓名。鄭玄氏云：「申棖即申續也。」《弟子傳》云：「申黨，字周。」邢昺氏云：「申續即申黨也。」蓋魯人。後漢王政云：「有羔羊之潔，無申黨之慾。」是以棖為黨也。然唐、宋從祀則作二人，故《山東通志》云：「申棖，字子續。」非申黨也。唐贈魯伯，宋封文登侯。《一統志》云：「封上蔡侯。」

司馬牛

朱子曰：「司馬牛，孔子弟子，名犂，向魋之弟。」

元按：《弟子傳》云：「司馬耕，字子牛。」孔安國氏云：「宋人。」《春秋》哀公十四年六月，宋向魋自曹出奔衛，宋向巢來奔。蓋向氏出於宋桓公之後，又為桓氏，世為宋司馬，又為司馬氏。向魋兄弟五人，左師向巢，次魋，次子頎、子車及牛，不知牛與子頎等兄弟之次。《左傳》云：「初，宋景公嬖向魋，魋之寵，害於公。公將討之，未及，魋先謀公，請享公焉。以日中為期，私家甲兵之備，[註24]盡往享所。公知之，命皇野召左師巢，與之誓，共攻魋。子頎馳而告，魋欲入攻公，子車止之，魋遂入於曹以叛。又使巢伐之，曹人叛魋，魋奔衛，巢奔魯。司馬牛致其邑與珪而適齊。後魋再奔齊，牛又致其邑而適吳，吳人惡之而反。趙簡子召之，陳成子亦召之，卒於魯郭門之外，坑氏葬諸丘輿。」[註25]唐贈向伯，宋封睢陽侯。

巫馬期

朱子曰：「巫馬，姓；期，字。孔子弟子，名施。」

元按：《弟子傳》云：「巫馬施，字子旗，少孔子三十歲。」鄭玄氏云：「魯人，或云陳人。」期與子路薪於韞丘，見富人處師氏，而心無所慕。及為單父宰，戴星而出，戴星而入，身親其勞而治。唐贈鄪伯，宋封東阿侯。

柴

朱子曰：「柴，孔子弟子，姓高，字子羔。」

元按：《弟子傳》云：「高柴，字子羔，齊人，敬仲傒十代孫也。少孔子三十歲。子羔長不盈五尺，受業孔子，孔子以為愚。」鄭玄氏云：「子羔，衛人。」《左傳》作「子羔」，而《家語》則作「子高」，《禮記》又作「子皋」。唐贈共

〔註24〕備，四庫本作「傋」，據諸本改。
〔註25〕坑，四庫本、歸雲別集本、湖海樓本作「阬」，據湖北叢書本、叢書集成初編本改。

伯，宋封共城侯。《一統志》云：「墓在沂州西南一百三十里。」又開封府太康縣西亦有柴墓。

牢

朱子曰：「牢，孔子弟子，姓琴，字子開，亦字子張。」

元按：琴牢，衛人也。《家語》載之，而《史記·弟子傳》不載。莊子謂琴張與子桑戶、孟之反，三人為友。唐贈南陵伯，宋封平陽侯。

孺悲

朱子曰：「孺悲，魯人，嘗學士喪禮於孔子。」

元按：《禮記·雜記》云：「恤由之喪，哀公使孺悲之孔子學士喪禮，士喪禮於是乎書。」《注》云：「時人僭上士之喪禮，喪禮已廢，孔子以教孺悲，國人乃復書而存之。」是孺悲蓋孔子弟子也，而《史記》《家語》皆不入弟子之列，故朱子止稱魯人而不稱弟子，豈因孔子辭以疾而絕之耶？然歌瑟使聞，則固未嘗深絕之，其視鳴鼓攻求者何如？而孺悲獨不以弟子稱，何也？

陳亢

朱子曰：「子禽，姓陳，名亢，孔子弟子。或曰：亢，子貢弟子。未知孰是？」

元按：陳亢，陳人也。《家語》收在孔子弟子篇中，而《史記·弟子傳》不載焉。今考《論語》，子禽兩問，子貢一問，伯魚無請問孔子之事，其謂子貢過恭於仲尼，蓋推尊其師也。稱子貢為子，稱孔子為仲尼，他無此例。以此推之，當為子貢弟子無疑。宋封南頓侯。《一統志》云：「墓在開封府太康縣北。」

互鄉童子　闕黨童子

元按：互鄉童子，孔子與其進；闕黨童子，孔子使之將命。是皆得事孔子者，但姓名俱無考耳。

論語類考卷六

論語類考卷七

人物考第二

堯

元按：《史記‧五帝本紀》惟云帝堯，不書姓氏。《索隱》云：「姓伊祁氏。」
然伊祁乃炎帝之姓，蓋以堯與炎帝俱火德王，故謂堯為炎帝後。而《漢書》遂
以堯為炎帝子，姓伊祁，謬矣。《世紀》云：「慶都寄居於伊長孺家，故堯從母
所居為姓。」《靈臺碑》云：「昔者慶都氏姓曰伊。」則伊，其母姓，豈得為堯
姓乎？《路史》云：「帝堯，姬姓，帝嚳之第二子也。母陳豐氏，曰慶都，生
堯於丹陵，是曰放勳。年十有三，佐摯封埴，〔註1〕受封於陶，又改封於唐。
年十六，以唐侯踐帝，曰陶唐氏，都於平陽安邑，以火紀德。在位七十載，欲
遜位，於是四岳舉舜。〔註2〕又三載，堯已八十九歲，薦舜於天以攝事。一百
載，堯乃殂落，壽一百十六歲。」《春秋元命苞》云：「堯眉八采，是謂通明。」
《尚書中候》云：「帝堯即政，榮光出河，龍馬銜甲。」《世紀》云：「堯二十
登帝位，廚生翣脯，階生蓂莢，在位九十八年，壽一百十八歲，後世稱為堯云。」
夫堯乃陶唐氏之名，而《索隱》則以堯、舜、禹為諡。然堯曰「咨汝舜」，舜
曰「咨汝禹」、「汝棄」、「汝契」，若以為諡，則棄、契、垂、益、夔、龍皆諡
乎？孟子云：「放勳乃殂落。」屈原云：「就重華而陳辭。」故《路史》又以堯
名放勳，舜名重華。夫放勳者，總名帝堯德業之大也。重華者，帝舜重堯之華
也，豈可以為堯、舜之名號乎？鄭玄氏云：「堯遊城陽而死，葬焉。」《外紀》

〔註1〕埴，湖海樓本、湖北叢書本、叢書集成初編本作「殖」。
〔註2〕岳，湖海樓本、湖北叢書本、叢書集成初編本作「嶽」。

云：「堯葬於穀林。」子十人，長曰監明，先死。監明之子式，封於劉，其後有劉累，事存《漢紀》。堯娶富宜氏，生朱，朱傲，使出就丹。堯崩，舜封朱於房，為房侯，謂之虞賓，夏后封之唐。朱之庶弟九，傳、鑄、冀、郇、櫟、函、高唐、上唐、唐杜，〔註3〕皆其後也。而御龍、豕韋、范、隨、士、劉之姓，見《左傳》。

舜

元按：帝舜，有虞氏，姚姓，其先國於虞，為虞姓。王符氏《姓志》云：「舜姓虞，而史伯亦稱虞幕，則其上世為虞矣。」《書》云：「有鰥在下，曰虞舜。」則虞舜微時止姓虞而名舜可知。《史記》云：「舜祖句望，出於顓頊。」非也。予嘗著《荒史》有辨矣。《風俗通》云：「舜祖幕。」《左傳》云：「舜祭幕。」《路史》云：「虞幕生喬牛，喬牛生瞽叟。」是虞幕為舜祖，而舜姓虞也。《綱目前編》云：「堯即位四十有一載甲申，舜生於諸馮。」《索隱》云：「舜母曰握登。」蘇氏《古史》云：「舜生於諸馮之姚墟，故為姚姓；居於潙汭，故為潙姓。」金履祥氏云：「諸馮、潙汭，皆在今河東縣。孟子以舜生諸馮為東夷之人，蓋對文王西夷而言，猶云東方、西方耳。故曰地之相去千有餘里，蓋自河中至岐周千餘里也。而說者指齊之歷山、濮之雷夏為舜耕漁之地，或又指會稽上虞牛羊村、百官渡為舜所居，其謬殊甚。」舜本虞帝之名，一徙成市，再徙成都。萬章云：「謀蓋都君。」而皇甫謐遂以都君為舜之字。《路史》云：「目瞳重曜，故曰舜，而字曰重華也。」〔註4〕《世紀》云：「因瞳子名重華。」《春秋演孔圖》云：「舜目四瞳，謂之重明。」《尸子》與《淮南子》皆云：「舜兩瞳子，是為重明。」羅苹氏云：「目動曰舜，與瞬同。」諸說皆非也。堯、舜、禹字義，古無定注。《廣雅》云：「堯，曉也。」鄭玄氏《禮記注》云：「舜，充也。」《玉篇》云：「禹，舒也。」或云：堯，遜也。舜，運也。禹，舉也。《餘冬錄》云：「舜，準也，循也。禹，輔也。湯，擴也。」又《謚法》云：「翼善傳聖曰堯，仁聖盛明曰舜，受禪成功曰禹。」此皆後人臆說耳。舜年三十為百揆，〔註5〕三十三攝天子事，六十而堯崩，服堯三年喪，即天子位，在位四十八載而崩於鳴條，壽一百十歲。三妃，娥皇盲，無子；女英生義均及季釐，義均封於商，是為商均，季釐封於緡；次妃癸比氏，生二女，曰宵明，曰

〔註3〕杜，湖海樓本作「社」。
〔註4〕也，四庫本、歸雲別集本無，據湖海樓本、湖北叢書本、叢書集成初編本補。
〔註5〕為，歸雲別集本作「總」。

燭光,是為湘神。庶子七人,而圭、胡、負、遂、盧、蒲、衛、甄、潘、饒、
番、傅、〔註6〕鄒、息、其、何、母、〔註7〕轅、餘姚、上虞、濮陽、餘虞、
西虞、無錫、巴陵、衡山、長沙,皆其裔也。

禹

元按:夏后,姒姓,名禹,一曰伯禹,又曰大禹。《索隱》以禹為諡,《史
記》以文命為名,或又以文命為字。薛應旂氏云:「禹字高密。」蓋據《世紀》
之說,皆非也,前已辨矣。《路史》云:「禹之先出於顓頊,顓頊生駱明,駱明
生白馬,〔註8〕是為伯鯀,字熙,汶山廣柔人也。封於崇,故曰崇伯。舜殛之
羽山,三年而死。初,鯀納有莘氏曰志,是為修己,生禹於僰道之石紐鄉,長
於西羌,西夷之人也。三十,娶塗山氏。」《綱目前編》云:「堯在位七十有二
載乙卯,舜使禹平水土。八十有一載甲子,封於有夏。舜在位三十有二載丁
巳,〔註9〕命禹總師。戊午,敘《洪範》九疇。四十有八載甲戌,舜崩。乙亥,
禹避於陽城。丙子,禹即位。在位八歲,崩於會稽,年百有六歲。以金紀德,
故又稱白帝。」《禮緯含文嘉》云:「禹卑宮室,垂意於溝洫,百穀用成,神龍
至,靈龜服。」《尚書璇璣鈐》云:「禹開龍門,導積石,玄圭出,刻曰延喜。」
《鬻子》云:「禹飯一饋而七起。」《世紀》云:「禹手足胼胝,故世傳禹病偏
枯,足不相過,至今巫稱禹步焉。」《禹廟諡議》云:「禹、桀皆後世易名,周
人革民視聽,故以行為諡,乃諡夏之末王為桀,而追諡其始祖為禹也。」豈其
然哉?

稷

元按:稷名棄。《周本紀》云:「其母有邰氏女曰姜嫄,為帝嚳元妃。姜嫄
出野,見巨人跡,踐之,有孕。居期,生子,以為不祥,棄之隘巷、林中、寒
冰,皆有異,遂收養焉。初欲棄之,因名曰棄。及為成人,好耕農,堯舉為農
師,天下得其利。舜封之於邰,號曰后稷,別姓姬氏。」《路史》云:「棄字曰
度辰,〔註10〕勤百穀,而死於黑水之山。娶姞,生黎璽,世為后稷。」《周禮·

〔註6〕傅,歸雲別集本、湖海樓本、湖北叢書本、叢書集成初編本作「傳」。
〔註7〕母,叢書集成初編本作「冊」。
〔註8〕白馬,四庫本、歸雲別集本作「白馬生」,據湖海樓本、湖北叢書本、叢書集
成初編本改。
〔註9〕二,湖北叢書本、叢書集成初編本作「一」。
〔註10〕度,湖海樓本、湖北叢書本、叢書集成初編本作「庚」。

大司徒》注云：「棄為堯稷官，立稼穡，死配稷，名為田正，詩人謂之田祖。」
履跡之異，則前賢辨之悉矣。

皋陶

元按：《路史》云：「少昊之裔子取顓頊氏之女曰修，生大業，大業取少典
氏之女曰華，生陶，陶生而馬喙，〔註11〕漁於雷澤，帝舜以為士師，陶一振褐
而不仁者遠，乃立狴獄，造科律，聽獄執中，而天下無冤，封之於皋，是曰皋
陶。舜禪禹，禹遜之陶，辭焉，卒於皋。」《寰宇記》云：「六安北有皋陶冢。」
《夏本紀》云：「帝禹立而舉皋陶，薦之，且授政焉，而皋陶卒，封皋陶之後
於英六，或在許。」又《左傳》文公五年秋，楚仲歸滅六。冬，公子燮滅蓼。
臧文仲曰：「皋陶庭堅不祀。」杜預氏注云：「皋陶字庭堅。」羅泌氏云：「皋
陶乃少昊之後，而庭堅則高辛氏之子，六乃皋陶之後，而蓼則庭堅之後也。預
既誤以庭堅為皋陶字，復以蓼為皋陶後，失之矣。蓋皋陶之後有舒蓼，而非蓼
也。舒蓼偃姓，而蓼則姬姓。蓼滅而舒蓼猶存。至宣公八年，舒蓼始滅。」皋
陶之裔，世為理官，其後逃難伊墟，為李氏，是為聃之祖。

舜臣五人

朱子曰：「五人：禹、稷、契、皋陶、伯益。」

元按：舜有臣五人，禹、稷、皋陶三人，解見於前，茲考契、益二人。《路
史》云：「契，帝嚳之子。帝嚳次妃有娀氏曰簡狄，感玄致胎，嚙而生契，聰
明而仁，堯命為司徒，〔註12〕使布五教，封於商，賜姓子氏，商人謂之玄王。」
《詩》稱「天命玄鳥，降而生商」，《毛傳》以玄降為祀郊禖之候，而史遷乃有
吞踐之說，蘇洵氏辨之詳矣。至於伯益之世系，則史傳不同。《路史》云：「顓
頊娶鄒屠氏，生禹之祖及八凱。伯益，八凱之一也，字隤敳，為唐澤虞，是為
百蟲將軍，佐禹治水，封於梁。舜禪禹，禹遜於益，辭焉，年過二百歲。」《史
記·秦本紀》云：「帝顓頊之裔孫曰女修，生子大業，大業娶少典之子曰女華，
生大費，與禹平水土，已成，禹曰：『非予能成，亦大費為輔。』帝曰：『咨爾
費，贊禹功，其賜爾皂斿，爾後嗣將大出。』乃妻以姚女。」佐禹調鳥獸，鳥
獸馴服，是為伯翳，〔註13〕賜姓嬴氏。《索隱》云：「此秦、趙之祖，一名柏翳，

〔註11〕馬，歸雲別集本作「鳥」。
〔註12〕命，歸雲別集本作「舜」。
〔註13〕伯，四庫本、歸雲別集本作「柏」，據湖海樓本、湖北叢書本、叢書集成初編
　　　本改。

《尚書》謂之益，《世本》《漢書》謂之伯益。」觀《史記》上下諸文，柏翳與伯益是一人無疑。羅泌氏則云：「柏翳者，少昊之後，皋陶之子，而伯益乃顓頊之第三子。」劉秀表亦云：「夏禹治水，伯益與柏翳主驅禽獸。」是翳、益為二人。金履祥氏云：「《秦紀》謂柏翳佐禹治水，馴服鳥獸，即《尚書》所謂『隨山刊木，暨益奏庶鮮食』，『益作朕虞，若予上下鳥獸』者也。唐虞功臣，獨四岳不名，其餘未有無名者，豈有柏翳之功如此，而《尚書》不概見乎？泌之好異，要非事實也。」

羿

朱子曰：「羿，有窮之君，善射。」

羅泌氏曰：「夷羿，有窮氏，窮國之侯也，偃姓，左臂修而善射，五歲得法於山中，傳楚狐父之道，又學射於吉甫，以善射著。嘗從吳賀北遊，見雀焉，賀命射左目，羿中厥右，恥之，由是每進妙中，高出天下。迨事夏王，夏太康滔淫無度，〔註14〕畋於有洛之表，十旬不反，羿因民弗忍，兵於河以距之。太康失邦，仲康立，於時羲和沉湎於酒，叛官離次，將羿是與，王命胤侯征之，羿遽隱慝，及相之立，爰逐相而自立，因夏民代夏政，自鉏遷於窮石。滅樂正后夔之子伯封，於是益恃射，不修民事，而蔽於從禽。武羅、伯困、〔註15〕熊髡、龐圉皆賢臣也，〔註16〕乃棄之，而信任伯明氏之讒子寒浞，又以龐門為受教之臣，浞乃蒸取羿室純狐，謀殺羿，而虞羿於畋，羿弗察也。八年，歸自畋，龐門取桃棓殺之。」

元按：《尚書》稱「太康尸位，乃盤遊無度，畋於有洛之表，十旬弗反。有窮后羿，因民弗忍，距於河。」窮，國名也。羿居窮石之地，故以窮為國號。孔安國注《尚書》云：「羿，諸侯名。」杜預注《左傳》云：「羿，有窮君之號。」又《說文》云：「羿，帝嚳射官也。」賈逵云：「羿之先祖世為先王射官，故帝嚳賜羿弓矢，使司射。又堯之臣有羿，亦善射，是羿乃善射之稱，非人名也。」《左傳》襄公四年，魏絳云：「昔有夏之方衰也，后羿自鉏遷於窮石，因夏民以代夏政。」注云：「禹孫太康，淫於失國，〔註17〕夏人立其弟仲康。仲康卒，子相立，羿遂伐相，號曰有窮。」孔穎達云：「羿廢太康而立其弟仲康，及后

〔註14〕滔，湖北叢書本、叢書集成初編本作「慆」。
〔註15〕困，湖海樓本、湖北叢書本、叢書集成初編本作「因」。
〔註16〕圉，湖海樓本、湖北叢書本、叢書集成初編本作「圉」。
〔註17〕於，湖北叢書本、叢書集成初編本作「放」。

相既立，羿代夏政，則羿必自立為天子，逐出後相，後相依斟灌、斟尋，夏祚
未滅，蓋與羿並稱王也。及寒浞殺羿，因羿室而生澆，澆已長，自能用兵，始
滅後相。相死之後，始生少康，少康生杼，杼又年長，能誘豷，始得滅浞而立
少康。自太康失邦至少康紹國，當有百載。」據此，則夏亂甚矣。而《夏本紀》
云：「仲康崩，子相立。相崩，子少康立。」不言羿、浞之事，是遷之疏也。

羿

朱子曰：「羿，《春秋傳》作澆，浞之子也。後為夏少康所誅。」

羅泌氏曰：「寒浞者，猗姓，寒君伯明氏之讒子弟也。寒君惡之，棄諸窮。
窮羿收之，立以為相，而信使之。羿逐後相自立，而荒遊，浞乃蒸羿室，已而
殺羿，襲其號，且因其室，生澆及豷。澆惟恃力，盪舟走陸，是曰羿。浞任詐
偽而不德於民，使澆帥師滅斟灌、斟尋氏，處澆於過，處豷於戈，殺夏后相，
爰革夏命。四十有三年，為伯靡所殺。」

元按：《左傳》魏絳云：「浞因羿室，生澆及豷，恃其讒慝詐偽，而不德於
民，使澆用師滅斟灌及斟尋氏，處澆於過，處豷於戈。夏臣靡自有鬲氏收二國之
燼，以滅浞而立少康。少康滅澆於過，後杼滅豷於戈，有窮遂亡。」又哀公元年，
伍員云：「昔有過澆設斟灌，〔註18〕以伐斟尋，滅夏后相，後緡方娠，逃出自竇，
歸於有仍，生少康焉。為仍之牧正，惎澆能戒之。澆使其臣椒求之，逃奔有虞，
為之庖正，以脫其害。虞思妻以二姚，邑諸綸，有田一成，有眾一旅，能布其德，
而兆其謀，以收夏眾，撫其官職。於是少康使其臣女艾諜澆，使其子季杼誘豷，
遂滅過、戈，復禹之績，祀夏配天，不失舊物。」夫澆與豷皆浞之子，澆國於過，
豷國於戈，而澆獨以力稱，屈原云「澆身被服彊圉」是也。

湯

元按：商，湯子姓，契之後。《商本紀》云：「天乙立，是為成湯。自契至
湯十四代，凡八遷。湯始居亳，放桀於南巢，歸於亳，踐天子位，號曰商。自
盤庚遷殷。」張晏云：「禹、湯皆字也。」《諡法》云：「除殘去虐曰湯。」然
湯名履，《書》云「予小子履」是也。孔安國云：「湯初名天乙，為王時改名履。」
譙周云：「夏、殷之禮，生稱王，死稱廟主，皆以帝名配之。天亦帝也，殷人
尊湯，故曰天乙。又《易》曰『帝乙歸妹』，《易傳》亦以帝乙為湯名，是天乙
即帝乙也。」若然，紂之父亦曰帝乙，是祖孫同名矣。商王多以十干取名，湯

〔註18〕設，湖海樓本、湖北叢書本、叢書集成初編本作「殺」。

之父曰主癸，主癸之父曰主壬，主壬之父曰報丙，報丙之父曰報乙。湯之後王，又有祖乙，有小乙，有武乙，然則帝乙為湯名，豈待後世稱廟主而始有帝乙之名哉？又湯亦稱武王，《詩》云「武王載斾」，《毛傳》云：「武王，湯也。」又《尚書璇璣鈐》云：「湯受金符帝籙，白狼銜鉤。」《世紀》云：「湯有聖德，諸侯不義者，湯從而征之，一時歸者三十六國。踐位十三年，壽百歲卒，葬亳北之濟陰。」

伊尹

朱子曰：〔註19〕「伊尹，湯之相也。」

元按：《呂氏春秋》云：「有侁氏女採得嬰兒於空桑，後居伊水，命曰伊尹。」尹，正也，謂湯使之正天下也。皇甫謐氏云：「伊尹，力牧之後，生於空桑。」空桑，地名。《史記》云：「伊尹名阿衡。阿衡欲干湯而無由，乃為有莘媵臣，負鼎俎，以滋味說湯，致於王道。」或云伊尹從湯，言素王及九主之事。今觀《尚書》所載，尹豈有是哉？《竹書紀年》云：「伊尹壽百二十歲。」《路史》云：「伊姓出於炎帝，下及湯代，有伊摯，為之左相，是為保衡。」《孫子兵書》：「伊尹名摯。」孔安國氏亦云「伊摯」。而《國名紀》又有伊國，注云：「伊摯所尹也。」〔註20〕則伊又為地名，而非姓矣。《英賢傳》以伊尹為空桑氏，尤妄。《外紀》：「太乙氏之後有空桑氏。」然空桑之地有二，其一在兗，《干寶記》云：「徵在生孔子於空桑之地。」《孔廟禮器碑》云「顏育空桑」是也；其一在莘、陝之間，共工氏振洪水以薄空桑，伊尹生於空桑是也。故《地記》謂陳留有伊尹村。伊尹卒，大霧三日。至太戊時，其子伊陟為相。《一統志》云：「伊尹墓在開封府歸德州城東南四十里。」又河南府偃師縣西亦有伊尹墓。

高宗

孔安國氏曰：「高宗，殷之中興王武丁也。」

元按：《商本紀》云：「帝武丁，帝小乙之子也。武丁修政行德，殷道復興，在位五十九祀。武丁崩，子祖庚嗣，立武丁之廟為高宗，作《殷武》樂章以頌之。」《禮記·喪服四制》云：「高宗者，武丁。武丁者，殷之賢王也。繼世即位，而慈良於喪。當此之時，殷衰而復興，禮廢而復起，故善之。善之，故載之書中而高之，故謂之高宗。」

〔註19〕子，湖海樓本作「氏」。
〔註20〕尹，湖海樓本、湖北叢書本、叢書集成初編本作「封」。

老彭

包咸氏曰：「老彭，殷賢大夫。」

元按：邢昺氏云：「老彭，即莊子所謂彭祖，上及有虞，下及五霸者也。」李善氏云：「彭祖，名鏗，堯臣，封於彭城，歷虞、夏至商，年七百歲，故以久壽稱。」《世本》云：「彭祖姓籛，名鏗，在商為守藏吏，在周為柱下史，年八百歲。」又宰我問《五帝德篇》云：「堯舉舜、彭祖而任之。」崔靈恩氏云：〔註21〕「彭祖，堯臣，仕殷世，其人甫壽七百年。」〔註22〕王符氏《潛夫論》云：「顓帝師於老彭，壽千餘歲。」此皆以老彭為一人也。王弼氏云：「老是老聃，彭是彭祖。」羅泌氏云：「祝融之裔、陸終之子曰籛，字鏗，封於彭，是為彭祖。以斟雉養性，事放勛，歷夏、商守官大夫。商王采女受術，籛始去之，終身不見，壽七百六十七歲。皋陶之裔，恩成之胄，世為理官，以理命氏。至紂時，逃難伊墟，為李氏。其五世孫名乾，字元杲，為周上御史，胎耶且眇，娶洪氏，曰嬰敷，感飛星，娠十二年，剖左而生儋，〔註23〕周宣王之四十二年二月望日也。儋之始生，其母名之曰玄祿，〔註24〕是為伯陽。甫生而皓首，故謂老子。耳七寸而參漏，〔註25〕故名耳而字儋。儋與聃同，《左傳》所謂太史儋是也。邑於苦之賴鄉，賴即萊也，故又曰老萊子。以三十六法治心理性，究忠盡孝。桓、莊世柱下史，簡、靈世守藏吏，孔子嘗學禮焉。孔沒十九年，而儋入秦，西歷流沙八十餘土，化胡成佛，壽四百有四十歲。」據其說，則老、彭為二人。孔子稱其「述而不作，信而好古」，彭祖雖無考，而老子則有明證。楊中立氏云：「《老子》五千言，以自然為宗，謂之不作可也。」朱子亦云：「以《曾子問》中老聃言禮數段證之，可見述而不作，信而好古。蓋聃，周之史官，掌國之典籍，三皇五帝之書，如五千言，亦或古有是語，而老子傳之，〔註26〕未可知也。故《列子》引《黃帝書》，與《老子》『谷神不死』章相同。」楊慎氏云：〔註27〕「佛經《三教論》謂五千文者，容成所說，老為尹談，蓋述而不作也。」又《莊子》引容成氏曰：「除日無歲，無外無內。」則容成氏固有

〔註21〕恩，歸雲別集本作「思」。

〔註22〕甫，湖海樓本、湖北叢書本、叢書集成初編本無。

〔註23〕而，歸雲別集本作「脅」。

〔註24〕曰，四庫本、歸雲別集本無，據湖海樓本、湖北叢書本、叢書集成初編本補。

〔註25〕寸，四庫本、歸雲別集本、湖海樓本作「十」，據湖北叢書本、叢書集成初編本改。

〔註26〕子，湖海樓本、湖北叢書本、叢書集成初編本作「聃」。

〔註27〕云，湖海樓本、湖北叢書本、叢書集成初編本作「曰」。

書矣。「述而不作」，此其明證。

周任

馬融氏曰：「古之良史。」

元按：《千姓編》云：「周任，商太史。」《家語》云：「晉人戡宋，章子曰：『周任有言曰：民悅其愛者，弗可敵。』」又《左傳》昭公三年，仲尼謂：「周任有言曰：『為政者不賞私勞，不罰私怨。』」夫孔子屢引周任之格言，則周任為古之賢人可知。《路史》亦云商有周任，而邢昺氏乃以周任為周大夫，非是。

紂

邢昺氏曰：「紂名辛，字受，商末世之王也。」

馮猗氏曰：「紂，諡也。殘義損善曰紂。」

元按：《尚書》稱「商王受」。《史記‧殷本紀》云：「帝乙崩，子辛立，是為帝辛，天下謂之紂。紂資辨捷疾，聞見甚敏，才力過人，手格猛獸。」又《帝王世紀》云：「紂倒曳九牛，撫梁易柱。」而《泰誓》舉紂之罪，〔註28〕更不言其絕力也，曰「沈湎冒色，敢行暴虐」，曰「穢德彰聞」，曰「罪浮於桀」，又甚則稱之為讎，稱之為獨夫。今觀史鑒所載淫虐之行，天下之惡何加焉？而子貢乃謂「紂之不善，不如是之甚」，何也？竊疑《周書》之過其實也。希寫有言：〔註29〕「文王拘羑里，武王羈玉門。」《呂氏春秋》云：「季歷困死，文王苦之，不忘羑里之醜。至武王事之，亦不忘玉門之辱。」羅泌氏云：「文王見辱玉門，顏色不變，而武王卒擒紂於牧野，釋諒闇而即戎，載木主而示述。武王於紂，蓋有怨辭焉，豈謂《泰誓》耶？孔子云《武》未盡善，子貢云紂惡未甚，其意將以徵戒於君臣之際，而蘇氏遂以武王非聖人。吁！非所以論世矣。」

微子

朱子曰：「微子，紂庶兄。」

元按：微子啟，《家語》及《路史》皆作「魏子啟」。《史記》云：「微子開者，殷帝乙首子，而紂之庶兄也。紂既立，不明，淫亂於政。微子數諫不聽，乃問於太師、少師，遂亡。」然《尚書》作「微子啟」，而《史記》作「微子開」者，避漢景帝諱也。食采於微，故曰微子。《呂氏春秋》云：「紂母生微子

〔註28〕泰，四庫本作「秦」，據諸本改。

〔註29〕寫，湖海樓本、湖北叢書本、叢書集成初編本作「寫」。

與仲衍，其時尚為妾，改而為妻，生紂。紂父欲立微子啟為太子，太史據法而爭曰：『有妻之子，不可立妾之子。』故立紂為後。」《史記》云：「啟母賤，辛母正后。」是二母也。若謂啟、辛同母，則妻從夫貴，而所生之子亦從而貴，啟不得稱嫡長子乎？此呂氏之謬也。《論語》謂「微子去之」，未嘗明言其何往，而孔安國氏乃有奔周之說，《左傳》又有面縛、銜璧、衰絰、輿櫬之說，《史記》又有持祭器造於軍門，肉袒面縛、膝行而前之說，真厚誣微子也。羅泌、王柏、金履祥輩皆有辨矣。《一統志》云：「墓在歸德州西南一十二里。」〔註30〕

箕子

朱子曰：「箕子，紂諸父。」

元按：《宋世家》云：「箕子，紂親戚也。紂為淫泆，箕子諫不聽，乃被髮佯狂而為奴，〔註31〕遂隱而鼓琴以自悲，是為箕子操。」《世家》以箕子為紂之親戚，未嘗言其為父為兄。鄭玄、王肅皆云紂之諸父，〔註32〕朱子《集注》從之。而服虔、杜預則又以為紂之庶兄。其說不同如此。箕子名無考，惟司馬彪注《莊子》云：「箕子名胥餘。」不知何據。

比干

朱子曰：「比干，紂諸父。」

元按：《宋世家》云：「王子比干者，紂之親戚，直言諫紂，紂怒，殺之，剖其心。」《家語》亦云：「比干是紂之親。」而馬融以比干為紂之諸父，微子為庶兄。然孟子云：「以紂為兄之子，且以為君，而有微子啟、王子比干。」是微子、比干皆諸父矣。夫孟子以微子、比干並稱，微子之為紂庶兄，確乎有明徵也，而比干豈得為諸父哉？故金履祥謂孟子所謂兄之子者，兄當作乙，謂均是帝乙之子也，言一時一家而善惡之相遠也。若然，則比干非紂諸父，乃庶兄矣。《一統志》云：「墓在衛輝府城北一十里，即武王所封者，題曰殷太師比干之墓。」又河南府偃師縣西北亦有比干墓。

文王

元按：文王，姬姓，名昌，太王之孫，季歷之子也。上世出於后稷，至公劉，立國於豳，亶父自豳遷岐，改號曰周。《周本紀》云：「季歷卒，子昌立，

〔註30〕一，湖海樓本、湖北叢書本、叢書集成初編本作「二」。
〔註31〕佯，湖北叢書本、叢書集成初編本作「佯」。
〔註32〕云，湖海樓本、湖北叢書本、叢書集成初編本作「言」。

—174—

是為西伯。〔註33〕崇侯虎譖於紂，囚之羑里，乃演《易》。閎夭之徒求有莘氏美女及文馬以獻紂。紂赦西伯，賜弓矢斧鉞，使專征伐。於是伐犬戎，伐密須，而都於程。又伐耆，伐邘，伐崇，乃作豐邑，遷都於豐。年九十七而崩，諡為文王。」史遷云「西伯陰行善」，豈文王以服事殷之心哉？

武王

元按：武王，名發，西伯昌之子也。昌娶於有莘氏，曰太姒，生十子，長曰伯邑考，早卒，次曰發。發生於帝乙之二十三祀壬辰。西伯薨，子發嗣為西伯，乃伐紂，踐天子位，七年而崩，墓在京兆長安東杜。《禮記·文王世子篇》：「文王謂武王曰：『我百，爾九十，吾與爾三焉。』」文王九十七乃終，武王九十三而終，且如其言，則文王十五而生武王，前此已有伯邑考矣。武王八十一而生成王，後此又生唐叔虞焉。此理所無者，蓋戴《記》之附會也。《竹書紀年》云：「武王年五十四而卒。」似為近理。

周公

元按：周文公名旦，文王第三子，武王之弟也。采於周，故稱周公。文，其諡也。周在岐下。《國名紀》云：「黃帝時有周昌，商有周任。」是周國久矣。自太王遷岐，而《竹書》《東漢書》及《孔叢子》俱稱「周公季歷」，是王季亦嘗稱周公也。杜預氏云：「扶風雍東北有周城。」蓋即周原，岐之小地名。而太王所遷之岐，則在美陽之南，故《漢書》及《說文》俱謂文王封岐在美陽中水鄉，蓋即周公之采邑，故譙周氏云：「以太王所居之周地為周公采邑。」是也。周公長子伯禽，成王封之魯；次凡伯，次伯齡，封於蔣，男爵；次靖淵，封於邢，侯爵；次祭伯，〔註34〕事文王，受商之命；次胙，次茅。故《路史》云：「凡、蔣、邢、茅、胙、祭，皆周公之裔也。」《史記》云：「周公既卒，成王葬之於畢，從文王，明予小子不敢臣周公。」而《一統志》以周公墓在伯禽墓南，似誤。

亂臣十人

朱子曰：「馬氏以十人為周公旦、召公奭、太公望、畢公、榮公、太顛、閎夭、散宜生、南宮适。其一人謂文母，劉侍讀以為子無臣母之義，蓋邑姜也。」

元按：《尚書·泰誓篇》云：「予有亂臣十人，同心同德。」孔安國注十人，

〔註33〕伯，四庫本作「北」，據諸本改。
〔註34〕伯，四庫本、歸雲別集本無，據湖海樓本、湖北叢書本、叢書集成初編本補。

與馬融、孔穎達、鄭玄之說皆同。故邢昺氏云：「十人，自周公旦以下，先儒相傳為此說也。」《君奭篇》云：「惟文王尚克修和有夏，亦惟有若虢叔，有若閎夭，有若散宜生，有若太顛，有若南宮适。」〔註35〕注云：「虢叔，文王之弟也。至武王時，虢叔死矣，故十臣之中無虢叔也。」周公已解見於前。召公名奭，亦與周同姓。譙周氏云：「周之支族，食邑於召，謂之召公。」《索隱》云：「召，畿內采地。文王受命，取岐周故墟。周、召二地，分爵二公，故《詩》有周、召二南，言在岐山之陽也。召公封於燕，亦如周公，以元子就封，而自留以相王。召公次子代為召公，至宣王時，召康叔虎其後也。」《世家》云：「召公治西方，甚得兆民和。召公卒，民思其政，作《甘棠》之詩。」太公望，呂尚也。《齊世家》云：「呂尚，東海上人。其先祖嘗為四嶽，佐禹平水土有功。虞、夏之際，封於呂。本姓姜氏，從其封姓，故曰呂尚。呂尚蓋嘗困窮，年老矣，釣於渭。西伯將出獵，卜之，曰：『所獲非龍非彲，非虎非羆，所獲霸王之輔。』於是西伯獵，果遇太公於渭陽，與語，大悅，曰：『自吾太公望子久矣。』故號之曰太公望。載與俱歸，立為師。」劉向《別錄》云：「師之，尚之，父之，故曰師尚父。」《孫子兵法》云：「周之興也，呂牙在殷。」譙周云：「姓姜，名牙。」《索隱》云：「名尚，字牙。師尚父，其官名也。武王已平商，封師尚父於齊營丘。」《金石錄》云：「太公壽一百四十歲。」畢公，名高。馬融氏云：「畢公，文王庶子。」《姓書》云：「畢公，文王少子。」《魏世家》云：「武王伐紂，而高封於畢，其苗裔曰畢萬，乃魏之祖也。」杜預氏云：「畢在長安縣西北。」《括地志》云：「畢原在雍州萬年縣西南。」《周本紀》云：「武王命畢公釋百姓之囚，表商容之閭。」《路史》云：「周公薨，畢公高入職焉。」蓋高食采於畢，入為天子公卿也。《畢命》篇云：「命畢公保釐東郊。」又云：「以周公之事往哉。」又稱為父師，是畢公代周公父師之職，治陝以東之郊也。榮公，名無考。榮，亦國名。《路史》以榮為姬姓之國，蓋亦食采於榮，而入為公卿者。厲王三十年，以榮公為卿，用事，蓋其後也。太顛、閎夭、散宜生，太、閎、散宜，皆姓；顛、夭、生，皆名。《周本紀》云：「西伯文王善養老。太顛、閎夭、散宜生、鬻子、辛甲之徒，皆往歸之。」又云：「紂囚西伯於羑里，閎夭之徒求有莘氏美女、驪戎之文馬以獻紂。」〔註36〕又云：「武王伐紂，

〔註35〕适，四庫本、歸雲別集本作「括」，據湖海樓本、湖北叢書本、叢書集成初編本改。

〔註36〕美，歸雲別集本作「姜」。

散宜生、太顛、閎夭皆執劍以衛武王。」又云:「武王命閎夭封比干之墓。」是也。南宮适,亦姓名,即八士中之伯适。〔註37〕《周本紀》云:「武王命南宮适散鹿臺之財,發巨橋之粟。」《國語》晉胥臣云:〔註38〕「文王之即位,度於閎夭,而謀於南宮,重之以周、召、畢、榮。」韋昭注云:〔註39〕「南宮,即南宮适也。」邑姜,武王妃,太公呂望之女。張師曾氏云:「邑姜,亦婦人之有聖德者。」

八士

元按:馬融、鄭玄皆以周之八士為成王時人,劉向以為宣王時人,朱子《集注》兩存之,且曰「不可考矣」。然以為成王時人者近之。《汲冢周書·克殷解》云:「乃命南宮忽振鹿臺之粟,乃命南宮伯達與史佚遷九鼎。」蓋南宮忽即仲忽,南宮伯達即伯達,《尚書》所謂南宮适,即伯适也。又《宣和博古圖》云武王時有南宮仲,蓋即仲突、仲忽也。是八士者,皆南宮氏也。《國語》云:「文王詢於八虞。」賈唐氏云:「周八士皆嘗為虞官。」又《周書·武寤解》云:「尹氏八士,太師三公,咸作有績。」又《和寤解》云:「王乃厲翼於尹氏八士。」《注》云:「八士,武王賢臣也。」唐蕭穎士《遊蒙山詩》云:「子尚捐俗紛,季隨躡退軌。」《丹鉛續錄》云:「蒙山之季隨,即周八士中一人也。」然季隨隱於蒙山事別無出。《雍大記》云:「八士墓在咸陽縣東北五十里。」

泰伯

朱子曰:「太王三子,長泰伯,次仲雍,次季歷。太王之時,商道浸衰,而周日強大。季歷又生子昌,有聖德。太王因有剪商之志,而泰伯不從。太王遂欲傳位季歷以及昌。泰伯知之,乃與仲雍逃之荊蠻。」

羅泌氏曰:「古公太王避狄居岐,娶於駘,曰太姜,生泰伯、仲雍、季歷。季歷居程,古公屬焉。泰伯窺知,及弟仲雍竄於荊蠻,居梅里,荊人義而君之,號為吳泰伯。伯卒,仲繼,剪髮文身,倮以從俗,是為虞仲。武王封其曾孫仲於夏墟,亦曰虞仲。」

元按:《吳世家》云:「季歷賢而有聖子昌,太王欲立季歷以及昌,於是泰伯、仲雍二人乃奔荊蠻,以避季歷。季歷果立,是為王季,而昌為文王。」《左傳》僖公五年,宮之奇云:「泰伯不從,是以不嗣。」故朱子亦云:「太王翦商,

〔註37〕中,湖海樓本、湖北叢書本、叢書集成初編本無。
〔註38〕臣,四庫本、歸雲別集本無,據湖海樓本、湖北叢書本、叢書集成初編本補。
〔註39〕云,湖海樓本、湖北叢書本、叢書集成初編本作「曰」。

而泰伯不從。」若然,則周為強暴之諸侯,取商之計,已非一世,而文王以服事殷,又何謂也?《詩》云「居岐之陽,實始翦商」者,〔註40〕蓋太王本無翦商之志,而居岐之時,始得民心,王業之成,實基於此。故詩人追原武王之所以翦商,其先業實始於太王耳,豈太王有翦商之志哉?然泰伯所以必逃之荊蠻者,蓋泰伯為長子,序當傳國,而太王或欲傳國於季歷,故泰伯逃以遜國也。然孔子不曰「三以國讓」,而曰「以天下讓」者,蓋泰伯逃之荊蠻,〔註41〕從而歸者千餘家,立為吳君,則其賢可知。使傳國位,必能大其世業,況商之天下,至紂必絕,縱無武王伐之,紂能終有天下乎?使泰伯不逃而有後焉,則國位傳於泰伯之後,泰伯之後,見紂無道,亦必伐之,不必武王也。是周之天下,乃商之天下;商之天下,必歸于周,乃泰伯之後之天下,非季歷之後之天下也。故孔子論武王得天下,乃追探為泰伯所讓,蓋人知泰伯讓國,而不知讓天下,故曰「無得而稱焉」。夫泰伯與虞仲俱逃,〔註42〕使仲雍不逃,則國位亦當傳及仲雍矣。而孔子不稱仲雍為至德,惟以為逸民者,豈讓國之心出於泰伯,而仲雍從兄以逃,於國位無繫耶?

虞仲

朱子曰:「虞仲即仲雍,與泰伯同竄荊蠻者。」

元按:《吳世家》云:「泰伯,弟仲雍,皆周太王之子,而季歷之兄也。季歷賢而有聖子昌,太王欲立季歷以及昌,於是泰伯、仲雍二人乃奔荊蠻為吳。泰伯卒,無子,弟仲雍立,是為吳仲雍。武王克殷,求泰伯、仲雍之後,封周章於吳,封周章弟虞仲於周之北,是為虞仲。」《索隱》云:「《左傳》稱泰伯、虞仲,太王之昭,則虞仲是太王之子。而周章之弟亦稱虞仲者,蓋周章之弟字仲,始封於虞,故曰虞仲。其仲雍本字仲,而為吳之始祖,後世亦稱虞仲,所以祖與孫同號也。」

夷逸

元按:先儒謂夷逸姓名無考,或者以為虞仲隱於夷,故稱虞仲夷逸。金履祥云:「夷逸當自是一人,但不知姓名,故號夷逸耳。」薛應旂云:「夷,氏;逸,名。夷詭諸之裔也。」族人夷仲年為齊大夫,夷射姑為邾大夫,獨逸隱居

〔註40〕實,四庫本作「寔」,據諸本改,下同,不出校。

〔註41〕伯泰,四庫本作「伯泰」,據諸本改。

〔註42〕虞仲,四庫本、歸雲別集本作「仲虞」,據湖海樓本、湖北叢書本、叢書集成初編本改。

不仕。或勸之，逸曰：「吾譬則牛也，寧服軛以耕於野，豈忍被繡入廟而為犧乎？」是夷逸非虞仲明矣。

伯夷　叔齊

朱子曰：「伯夷、叔齊，孤竹君之二子。」

羅泌氏《路史》曰：〔註43〕「怡，姜姓也。禹有天下，封怡以紹烈山，是為墨台。〔註44〕成湯之初，析封離支，是為孤竹。西伯之興，有允及致老矣，〔註45〕而歸之，未至，西伯薨。武王急伐商，叩諫不及，義棄周祿，北之首陽。〔註46〕上俾摩子難之，逮聞淑媛之言，遂摘薇終焉，是為伯夷、叔齊。先是，齊嫡而夷長，父初欲立夷，不可。初薨，夷、齊偕巽，去之北海之瀕，於是憑立，世其國。定王十一年，入於齊。」

元按：《韓詩外傳》云：「夷、齊父名初，字子朝。」《孔叢子注》云：「夷、齊，墨臺初之二子也。允字公信，智字公達。」是叔齊名字不同。又《烈士傳》云：「夷、齊之弟憑，字伯僚。」然憑乃孤竹君之中子，夷之弟，非齊之弟也。金履祥氏云：「古無名字之例，蓋緯書之附會耳。」宋元符三年，封伯夷為清惠侯，叔齊為仁惠侯。

論語類考卷七

〔註43〕羅泌氏，湖海樓本、湖北叢書本、叢書集成初編本無。

〔註44〕默，四庫本作「墨」，據諸本改。

〔註45〕致，歸雲別集本作「智。」

〔註46〕北之首陽，四庫本作「北之止陽」，歸雲別集本作「逃之首陽」，據湖海樓本、湖北叢書本、叢書集成初編本改。

論語類考卷八

人物考第三

魯公

朱子曰：「魯公，周公子伯禽也。」

元按：《索隱》云：「周公元子就封於魯，次子留相王室，代為周公。其餘食小國者六人，樊、蔣、邢、茅、胙、祭也。」〔註1〕《洛誥》云：「予小子其退，即辟於周，命公後。」是周公留相成王，成王封其子伯禽於魯也。《記》云：「周公拜乎前，〔註2〕魯公拜乎後。」〔註3〕言受封告廟之禮耳。陶淵明以為武王封之於魯，誤也。伯禽，成王元年就封，享國四十六年。《一統志》云：「魯公墓在兗州府曲阜縣東八里。」

昭公

朱子曰：「昭公，魯君，名稠。」

元按：《魯世家》云：「魯襄公卒，太子子野立，七月而卒。魯人立稠為君，〔註4〕是為昭公。昭公年十九，猶有童心，穆叔不欲立，曰：『禍非適嗣，〔註5〕且居喪不戚，若果立，必為季氏憂。』季武子弗聽，卒立之。昭公二十五年春，鸜鵒來巢。師己曰：『文、成之世，童謠曰：鸜鵒來巢，公在乾侯。鸜鵒入處，公在外野。』至二十八年，昭公如晉，晉君果居昭公於乾侯。」昭公在當時有

〔註1〕樊，湖北叢書本、叢書集成初編本作「凡」。
〔註2〕乎，湖海樓本作「手」。
〔註3〕乎，湖海樓本作「手」。
〔註4〕稠，四庫本作「裯」，據諸本改。
〔註5〕稠，四庫本作「裯」，據諸本改。

知禮之名，故陳司敗以為問。《左傳》云：「昭公五年，公如晉，自郊勞至於贈賄，無失禮。晉侯謂女叔齊曰：『魯侯不亦善於禮乎？』對曰：『是儀也，不可謂禮。禮，所以定其國，行其政令，無失其民者也。今政在三家，不能取；有子家羈，弗能用也。奸大國之盟，陵虐小國；〔註6〕公室四分，民將及身，不恤其所。禮之本末，將於此乎在，而屑屑焉習其儀以亟。言善於禮，不亦遠乎？』三十二年，公薨。明年夏，叔孫成子逆公之喪於乾侯。秋七月，葬昭公於墓道南。孔子之為司寇也，溝而合諸墓。」

吳孟子

許謙氏曰：「古者婦人皆以其姓在下，而以孟、仲之次加於上，如《春秋》所書仲子、伯姬，《詩》所謂孟姬之類。〔註7〕子，宋姓；姬，魯姓；姜，齊姓。伯、仲，長幼之序。仲子，宋女；伯姬，魯女；孟姜，齊女也。吳祖泰伯，文王之伯父；魯祖周公，文王之子。吳、魯無婚姻之禮，昭公違禮，欲掩其惡，故改姬稱子也。」

元按：《春秋》哀公十二年，夏五月甲辰，孟子卒。《左傳》云：「昭公娶於吳，故不書姓。」然先儒多以孟子為昭公夫人，考之《春秋》經文，〔註8〕未嘗稱為夫人也。惟《坊記》有云：「《魯春秋》去夫人之姓曰吳，其死曰『孟子卒』。」故先儒遂以為夫人，不知《坊記》多出漢儒，未足據也。《春秋》書夫人者，如「夫人姜氏至自齊」之例。〔註9〕孟子非夫人，而亦書卒者，魯史畏吳強之故耳。然則昭公犯娶同姓之非，豈其得已也哉？吳孟子卒，孔子與弔，適季氏。季氏不綌，放絰而拜。

定公

朱子曰：「定公，魯君，名宋。」

元按：定公名宋，襄公之子，昭公之弟也。《魯世家》云：「昭公卒於乾侯，魯人共立昭公弟宋為君，是為定公。」《綱目前編》云：「季孫意如廢世子而立公子宋。」〔註10〕初，公衍為太子，季孫使叔孫告於子家羈曰：「公衍、公為實使群臣不得事君，若公子宋主社稷，則群臣之願也。」昭公之喪至自乾侯，

〔註6〕陵，歸雲別集本作「凌」。
〔註7〕姬，湖北叢書本、叢書集成初編本作「姜」。
〔註8〕春秋，湖海樓本、湖北叢書本、叢書集成初編本無。
〔註9〕夫人者如，湖海樓本、湖北叢書本、叢書集成初編本無。
〔註10〕孫，湖海樓本、湖北叢書本、叢書集成初編本作「氏」。

甫及壞隤，公子宋先入，從者皆自壞隤反，遂立宋為君。然昭公喪至五日而後定公即位，非常禮也。昭公生務人及公衍，二子從乾侯，乃亦季氏之所忌，不敢復入。公子宋以昭公母弟，雖亦從公在外，然於季孫無忌，子家羈所謂「貌而出者」也。〔註11〕故喪至壞隤而宋先入，意如必欲抑使聽己，不以時定位，不過將以市己挾立之恩，而魯之群臣卒無一人倡明大義以獎公室，使宋卒為意如所制而不得有為，魯衰自是不振矣，悲哉！定公以敬王十一年即位，在位十五年，薨於高寢。

哀公

朱子曰：「哀公，魯君，名蔣。」

元按：《系本》云：「哀公名蔣。」《魯世家》云：「名將，定公之子。」周敬王二十六年即位，在位二十七年，為三桓所攻，奔於衛，孫於邾，國人迎以歸，卒於公孫有山氏。哀公十四年春，則《春秋》絕筆之年也。哀公母曰定姒。先儒謂哀公四歲即位，然《春秋》哀公七年秋，公伐邾。若四歲即位，則伐邾之年方十歲耳，何以能親將耶？又魯君夫人多見於經，而哀公夫人獨不經見，蓋娶在先君之世，薨在《春秋》絕筆之後也，則公即位時年已長矣。四歲即位之說似謬。哀公子寧，是為悼公。

孟莊子

朱子曰：「孟莊子，魯大夫，名速。其父獻子，名蔑。」

元按：孟莊子，仲孫速也。仲孫蔑之子，公孫敖之孫，公子慶父之曾孫也。蔑即孟獻子，《大學》記其國「不以利為利，〔註12〕以義為利」之言，而《孟子》亦記其有友五人，〔註13〕而忘家之善，此誠魯之賢大夫，而《春秋》中所僅見者也。歷相君五十年，魯人謂之社稷之臣，則其臣必賢，其政必善，而孟莊子年少嗣立，能不改焉，故孔門以為難。又考《春秋》，莊子速之後，有僖子貜、懿子何忌、武伯彘，皆能世其家法。三家之中，惟仲孫氏獨忠公室，而南宮敬叔之賢更出於流俗，豈非莊、獻之遺教流風足以倡淑後裔哉。〔註14〕夫仲孫氏又稱孟孫者，蓋魯桓公四子，長莊公，次慶父，次公子牙，次公子友。

〔註11〕羈，湖海樓本、湖北叢書本、叢書集成初編本無。
〔註12〕國，湖海樓本、湖北叢書本、叢書集成初編本無。
〔註13〕記，諸本作「稱」。
〔註14〕莊獻，四庫本、歸雲別集本作「獻莊」，據湖海樓本、湖北叢書本、叢書集成初編本改。

禮，嫡長稱伯，庶長稱孟。莊公既為君，而大夫不敢宗諸侯，不得與莊公為伯仲叔季之次，故以慶父為孟孫氏，牙為叔孫氏，友為季孫氏，是為三家，皆桓公之後，故又為三桓。然慶父實莊公之仲弟，故國人猶稱仲孫，而魯史因之也。

孟懿子

朱子曰：「孟懿子，魯大夫，仲孫氏，名何忌。」〔註15〕

元按：《春秋》定公六年，仲孫何忌如晉。《左傳》云：「孟懿子往。」是知懿子名何忌也。懿子之父僖子，名貜。僖子將死，召其大夫曰：「吾聞孔丘，聖人之後也。我若獲沒，必屬說與何忌事之而學禮焉，以定其位。」故孟懿子與南宮敬叔皆師事孔子。

孟武伯

朱子曰：「武伯，懿子之子，名彘。」

元按：《春秋》懿子以哀公十四年卒，而武伯嗣。哀公十七年《左傳》云：「公會齊侯於蒙，孟武伯相。武伯問於高柴曰：『諸侯盟，誰執牛耳？』季羔曰：『鄫衍之役，吳公子姑曹。發陽之役，衛石魋。』武伯曰：『然則彘也。』」是知武伯為懿子之子仲孫彘也。

孟敬子

朱子曰：「孟敬子，魯大夫，仲孫氏，名捷。」

元按：《檀弓》云：「悼公之喪，季昭子問於孟敬子。」鄭玄氏注云：「敬子，武伯之子，名捷。」是也。

孟之反

朱子曰：「孟之反，魯大夫，名側。」

元按：《左傳》哀公十一年，「齊師伐我，戰於郊。右師奔，孟之側後入，以為殿。」杜預氏注云：「孟之側，孟氏族也，字反。」又莊周云「孟子反」。夫孟側字反，《左傳》以為孟之側，孔子以為孟之反，莊子以為孟子反，〔註16〕猶孟子稱孟舍曰孟施舍也。施、之、子，皆助語辭，如庾公之斯、尹公之他之類。

孟公綽

孔安國氏曰：「孟公綽，魯大夫。」

〔註15〕何，湖海樓本、湖北叢書本、叢書集成初編本無。

〔註16〕莊子，湖海樓本、湖北叢書本、叢書集成初編本作「莊周」。

元按：孟公綽，仲孫氏，字公綽也。能燭崔杼不臣。《史記·弟子傳敘》云：「孔子之所嚴事，於魯孟公綽。」是也。

子服景伯

朱子曰：「子服，氏；景，諡；伯，字。魯大夫子服何也。」

元按：子服氏，孟氏之支庶也，歷惠伯、昭伯以至景伯。景伯名何。《左傳》哀公七年，公會吳於鄫，吳徵魯百牢。景伯曰：「晉范鞅貪而棄禮，以大國懼敝邑，十一牢之。〔註17〕君若以禮命於諸侯，則有數矣；若亦棄禮，則有淫者矣。」吳人不聽。景伯曰：「吳將亡矣。不與，必棄疾於我。」乃與之。十三年，公會晉侯於黃池。吳人將以公見晉侯，景伯對使者曰：「王合諸侯，〔註18〕則伯帥侯以見於王；伯合諸侯，〔註19〕則侯帥子、男以見於伯。自王以下，朝聘玉帛不同。故敝邑之貢於吳，有豐於晉，以為伯也。今以寡君見晉，則晉為伯矣。」吳人乃止。既而悔之，將囚景伯。景伯曰：「何也立後於魯矣。」遂囚以還。及太宰嚭見於吳王，曰：「無損於魯，不如歸之。」乃歸景伯。景伯自言力能肆公伯寮於市朝，則其勢位可知。景伯名何，而孔安國以為名何忌，非也。

叔孫武叔

朱子曰：「武叔，魯大夫，名州仇。」

元按：武叔，叔孫成子之子也。成子名不敢。《左傳》定公八年，陽虎劫武叔以伐孟氏。哀公十一年，齊師伐魯，及清，武叔呼冉求而問戰。〔註20〕武叔之母死，既小斂，袒，且投冠拔髮。〔註21〕子游曰：「知禮。」君子曰：「州仇焉知禮？所事者，禮之末節也。」

季文子

朱子曰：「季文子，魯大夫，名行父。」

元按：季文子，季友之孫，為魯大夫。《史記·世家》云：「成公十六年，宣伯使告晉郤犨，請止季文子而殺之。九月，晉人執季文子於苕丘。范文子謂欒武子曰：『季孫於魯，相二君矣。妾不衣帛，馬不食粟，可不謂忠乎？信讒

〔註17〕十，四庫本作「卜」，據諸本改。
〔註18〕合，歸雲別集本作「命」。
〔註19〕合，歸雲別集本作「命」。
〔註20〕冉求，湖海樓本、湖北叢書本、叢書集成初編本作「冉有」。
〔註21〕拔，湖北叢書本、叢書集成初編本作「括」。

慝而棄忠良，若諸侯何？」乃赦季文子。十二月，季文子及郤犨盟於扈，歸，刺公子偃。襄公五年，季文子卒。大夫入斂，公在位，宰庀家器為葬備。」《春秋私考》云：「季孫行父，奸深忌刻之人也。《論語》謂其『三思而後行』，豈非用智之深而謀身之密者耶？觀其黨仲遂之弒適，傾歸父之用事，而又結晉仇齊，以專魯國之政，惡可知矣。〔註22〕左遷稱其妾不衣帛，馬不食粟，相三君而無私積，全與行父平生不類。雖有之，亦飾詐沽名之事耳。但其末年能信用仲孫蔑而委之政，故猶以功名終焉。」

季桓子

朱子曰：「季桓子，魯大夫，名斯。」

元按：《左傳》季桓子，季平子之子也。平子名意如。定公五年六月，季孫意如卒，子斯嗣，是為桓子。桓子行東野，及費，子洩為費宰，逆勞於郊，桓子敬之。勞仲梁懷，仲梁懷弗敬。子洩怒，謂陽虎曰：「子行之乎？」陽虎囚桓子而逐仲梁懷。既而盟桓子於稷門之內而釋之。定公六年，桓子如晉獻鄭俘。七年，齊伐魯，桓子與孟懿子禦之。十二年，仲由為宰，將墮三都，於是桓子帥師墮費。十三年，齊人饋女樂，桓子微服往觀，語定公受之，怠於政。孔子去適衛。哀公二年，桓子伐邾，將伐絞。三年秋，桓子有疾，謂康子曰：「昔者孔子幾興魯矣，以吾受群婢，故去。我死，汝相魯，必召仲尼。」後數日卒。〔註23〕

季康子

朱子曰：「季康子，魯大夫，季孫氏，名肥。」

元按：季孫肥之名，見於《左傳》及《魯世家》，乃桓子之庶子。哀公三年秋，季桓子有疾，命正常曰：「南孺子之子，男也，則以告而立之；女也，則肥也可。」南孺子者，桓子之妻也。桓子卒，康子立。既葬，康子在朝，南氏生男，正常載以如朝，告曰：「夫子有遺言命其圉臣，曰：『南氏生男，則以告於君與大夫而立之。』今生矣，男也，敢告。」遂奔衛。康子請退，公使大夫共劉視之，則或殺之矣，乃討之。召正常，正常不反，畏康子也。康子立，欲召仲尼，公之魚曰：「昔吾先君用之不能終，為諸侯笑；今又用之不能終，是再為諸侯笑。」康子曰：「誰召而可？」曰：「必召冉求。」於是使召冉求。《論語》所謂季氏旅泰山，伐顓臾，冉求聚斂事，皆康子時事也。《諡法》：「安樂撫民曰康。」

〔註22〕惡，湖海樓本、湖北叢書本、叢書集成初編本無。
〔註23〕卒，湖海樓本、湖北叢書本、叢書集成初編本作「死」。

季子然

朱子曰：「子然，季氏子弟。」

元按：《注疏》、孔安國、邢昺皆以子然為季氏子弟，子然蓋其字也，〔註24〕其名與事實無考。薛應旂謂：「子然，平子意如之子，桓子之弟也。」不知何據。或亦因其與孔子同時而臆度之耳。

鄹人

邢昺氏曰：「鄹人，魯鄹邑大夫。」

元按：孔子父叔梁大夫紇有九女，無子。其妾生孟皮，一字伯尼，有足病，於是求婚於顏氏。顏氏生三女，其小曰徵在。顏父問三女曰：「鄹大夫雖父祖為卿士，然其先聖王之裔，今其人身長十尺，武力絕倫，雖年長性嚴，不足為疑。三子孰能為之妻？」徵在進曰：「從父所制，將何問焉？」父曰：「即爾能矣。」遂以妻之，乃生孔子。《春秋》於邑大夫多稱人，人之者，微之也，故不以姓名見。如文公九年，經稱許人，《左傳》則稱大夫，是也。又《左傳》襄公十年，「縣門發，鄹人紇抉之，〔註25〕以出在內者。」則當時嘗以鄹人稱孔子之父矣。宋祥符年，封紇為齊國公。元至順年，加封啟聖王。

臧文仲

朱子曰：「臧文仲，魯大夫，臧孫氏，名辰。」

元按：《世本》云：「魯孝公生僖伯彄，彄生哀伯達，達生伯氏瓶，瓶生文仲辰。」則辰乃公子彄之曾孫也。彄字子臧，辰以王父字為氏，故曰臧孫氏。文仲繼季友為政，〔註26〕自莊公末已與聞國政矣，而四十餘年，魯政多疵，至於文公尤甚。文公十年三月辛卯，文仲卒，當時稱其為名大夫，而孔子以為不智，又以為竊位，其眾好必察者與？

臧武仲

朱子曰：「魯大夫，名紇。」

元按：臧武仲名紇，謚武，〔註27〕文仲之孫，宣叔之子也。《左傳》襄公二十二年，臧武仲如晉，雨，過御叔。御叔曰：「焉用聖人？」《注》云：「武

〔註24〕字，湖海樓本、湖北叢書本、叢書集成初編本作「諡」。
〔註25〕抉，四庫本作「扶」，據諸本改。
〔註26〕季，四庫本、歸雲別集本、湖海樓本作「然」，據湖北叢書本、叢書集成初編本改。
〔註27〕謚武，湖海樓本、湖北叢書本、叢書集成初編本作「諡武仲」。

仲多知，時人謂之聖也。」襄公二十三年，臧孫紇出奔邾。初，季武子無適子，庶子公鉏居長，而武子愛幼子紇，欲立之。臧孫紇成之，是為季悼子。於是季孫愛臧孫，孟孫惡之。其後季孫以孟氏計攻臧氏，臧孫斬鹿門之關以出奔邾。初，臧宣叔娶於鑄，生賈及為。又娶穆姜之姨子為繼室，生紇，長於公宮，姜氏愛而立之。臧賈、臧為出在鑄。臧武仲自邾使告臧賈，且致大蔡曰：「子以大蔡請納，其可。」賈再拜受龜，使為以納請。臧孫如防，使告魯曰：「紇非能害也，知不足也，非敢私請。苟守先祀，無廢二勳，敢不辟邑。」乃立臧為。此孔子所謂「要君者」也。〔註28〕臧紇致防而奔齊。仲尼曰：「知之難也。有臧武仲之知，而不容於魯國，作不順而施不恕也。」

陽貨

朱子曰：「陽貨，季氏家臣，名虎，嘗囚季桓子而專國政。」

元按：《左傳》陽貨初事季平子，至定公五年九月，囚季桓子及公父文伯，而逐仲梁懷。冬十月，殺公何藐，盟桓子於稷門之內，逐公父文伯及秦遄，皆奔齊。六年夏，強使孟懿子往報晉夫人之幣。八月，又盟公及三桓於周社，盟國人於亳社，詛於五父之衢。八年九月，劫公與武叔以伐孟氏。公斂處父戰於棘下，陽氏敗。陽虎說甲如公宮，取寶玉大弓以出，舍於五父之衢，入於讙、陽關以叛。九年夏，歸魯寶玉大弓。魯人伐陽關，陽虎使焚萊門而出奔齊。齊侯執之，囚諸西鄙，乃載蔥靈，寢於其中，而逃奔晉，適趙氏。孔子曰：「趙氏其世有亂乎？」子路曰：「權不在焉，豈能為亂？」孔子曰：「陽虎親富而不親仁，趙簡子好利而多信，必溺其說而從其謀。禍敗所終，非一世可知也。」

陽膚

朱子曰：「陽膚，曾子弟子。」

元按：《一統志》云：「陽膚，武城人。曾子弟子七人，陽膚其一也。」

微生高

朱子曰：「微生，姓；高，名。魯人，素有直名者。」

元按：《莊子》及《戰國策》，尾生與女子期於梁下，女子不來，水至，不去，抱梁柱而死。程復心氏云：「尾生，一本作『微生』。《戰國策》作『尾生高』。」高誘氏以為魯人，疑即微生高也。觀此，則其為人概可見矣。

〔註28〕謂，湖海樓本作「為」。

微生畝

朱子曰：「微生，姓；畝，名也。」

元按：微生畝，蓋微生高之族也。高之直，畝之固，豈聖人中正之道哉？

左丘明

程子曰：「左丘明，古之聞人也。」

元按：《漢書・藝文志》云：「左丘明，魯太史。」吳程氏云：「自班、馬以來，皆謂左丘明即傳《春秋》、撰《國語》者，故孔安國注《論語》，以為魯太史也。」或謂傳《春秋》者非左丘明，乃楚之左史倚相。薛應旂氏又以左丘明為左史倚相之後。杜預氏《左傳序》云：「左丘明受經於仲尼。」然孔子稱左丘明之所恥，曰「丘亦恥之」，則左丘明當是孔子之先輩。今《左傳》序事於孔子既沒之後，至於韓、趙、魏滅智伯之時，則傳《春秋》者似非左丘明矣。左丘，氏；明，名。故《史記》或稱「左丘」。然自漢以來，率稱「左氏」，而杜預乃云：「仲尼素王，丘明素臣。」鄭夾漈氏《族志》亦云：「左，姓；丘明，名。」宋封為中都伯。《一統志》云：「墓在濟南府肥城縣西南二十五里。」

公伯僚

朱子曰：「公伯僚，魯人。」

元按：《史記・弟子傳》云：「公伯僚，〔註29〕字子周。」張守節氏云：「《家語・弟子篇》有申繚，〔註30〕字子周，即公伯僚也。」《古史考》則謂：「公伯僚是讒愬之人，〔註31〕孔子不責而云命，非弟子流也。」故朱子《集注》不云弟子。

柳下惠

朱子曰：「柳下惠，魯大夫展獲，字禽，食邑柳下，諡曰惠。」

元按：《莊子》云：「孔子與柳下季為友，柳下季之弟名曰盜跖。」《注》云：「柳下惠姓展，名獲，字季禽，一云字子禽，魯公族展無駭之子也。」然考之《左傳》，展禽在魯僖公時，至孔子之生，八十餘年，孔子豈得相與為友？蓋《莊子》寓言也。僖公二十六年，齊侵魯，僖公使展禽弟展喜犒師，喜受命於禽以往，諭以先王之命，齊帥愧服。齊求魯岑鼎，魯與之贋，展禽不肯失信，乃以真岑鼎往。臧文仲祀爰居，展禽非之，文仲曰：「季子之言，不可不法也。」使書之，以為

〔註29〕僚，諸本作「寮」。
〔註30〕繚，湖海樓本、湖北叢書本、叢書集成初編本作「寮」。
〔註31〕僚，諸本作「寮」。

三策。夏父弗忌躋僖公於閔公上，展禽曰：「必有殃矣。」《列女傳》云：「柳下惠既死，門人將誄之，妻曰：『夫子之諡，宜曰惠兮。』〔註32〕門人從之以為誄。」

卞莊子

朱子曰：「莊子，卞邑大夫。」

元按：《國名紀》云：「卞和、卞莊子，皆以卞邑為姓。」《氏族大全》云：「曹叔振鐸之後，支庶食采於卞，因以為氏，卞莊子是也。」《集注》以為卞邑大夫，則本於晉儒周生烈之說。《史記·陳軫傳》云：〔註33〕「卞莊子有刺雙虎之功。」《荀子》云：「齊人伐魯，忌卞莊子，不敢過卞。」劉向《新序》云：「莊子養母，戰而三北。及母死，齊伐魯，莊子赴敵，三獲甲首以獻，曰：『此塞三北。』遂赴齊師，殺十人而死。」〔註34〕據此，則莊子為卞人，固未嘗言其為大夫及卞姓也。《一統志》云：「墓在東昌府聊城縣界內。」

林放

朱子曰：「林放，魯人。」

元按：《禮殿圖》有林放名，而《弟子傳》不載，故《集注》止云「魯人」。唐贈清河伯，宋封長山侯。

子桑伯子

朱子曰：「子桑伯子，魯人。」

元按：邢昺云：「子桑伯子，當是一人。故王肅、包咸惟言伯子而已。」鄭玄云：「子桑，秦大夫。」蓋以《左傳》秦有公孫枝字子桑也。鄭玄引之，謬矣。《集注》所謂子桑戶者，蓋以莊周稱子桑戶、孟子反、子琴張，〔註35〕三人相與友，其言皆太簡之意。〔註36〕子桑死，孔子聞之，使子貢往弔焉。蓋子桑，姓；伯子，字，而戶，其名也。

原壤

朱子曰：「原壤，孔子之故人。」

〔註32〕曰，湖海樓本、湖北叢書本、叢書集成初編本作「為」。
〔註33〕史記陳軫傳云，湖海樓本、湖北叢書本、叢書集成初編本作「史記傳云陳軫傳云」。
〔註34〕十，四庫本、歸雲別集本、湖海樓本作「卞」，據湖北叢書本、叢書集成初編本改。
〔註35〕子琴張，歸雲別集本作「琴張」。
〔註36〕太，湖海樓本、湖北叢書本、叢書集成初編本作「大」。

元按：原壤蓋原憲之族，周文王第十六子原伯之後也。《檀弓》云：「孔子之故人曰原壤，其母死，夫子助之沐槨。〔註37〕原壤登木而歌，夫子為弗聞也者而過之。」孔穎達氏云：「原壤方外之士，離文棄本，不拘禮節，妄為流宕，蓋敗於名教，〔註38〕誤於後學者也。」

公山弗擾

朱子曰：「弗擾，季氏宰，與陽虎共執桓子，據邑以叛。」

元按：公山弗擾，《左傳》作「公山不狃」，字子洩，蓋陽虎之黨也。定公五年，弗擾為費宰，其據費以叛，召孔子。《史記》在定公九年，孔子未為中都宰前，《春秋》不書者，以費叛季氏，非叛魯也。而《左傳》《家語》乃載在十二年，〔註39〕是時定公尊用孔子，而季孫斯、仲孫何忌又從孔子墮費，無費叛之事，豈孔子捨魯而欲赴費人之召耶？蓋《史記》九年費叛似是，而《左傳》所謂費人襲魯，仲尼命申句須、樂頎下伐之，妄矣。《春秋私考》云：「季平子專權為惡，以陽虎為腹心，虎之預政，已非朝夕。及平子與叔孫成子相繼卒，而桓子、武叔皆稚弱，國命遂為虎所執。公山弗擾為費宰，侯犯為郈宰，皆虎黨也。弗擾以費叛，犯以郈叛，〔註40〕宜在定公五六年間，桓子、武叔初立之時，虎專國政，倚以為助也。何以知二邑之叛在此時邪？蓋虎歸孔子蒸豚，而曰『大夫有賜於士』。弗擾叛，欲召孔子，則此時孔子尚未仕也。孔子仕魯，獵較為兆，必在定公七八年間，而不在桓子初立時也。」

達巷黨人

朱子曰：「其人姓名不傳。」

元按：《前漢書·董仲舒傳》云：「達巷黨人不學而自知。」孟康氏注云：〔註41〕「此項橐也。」《氏族大全》云：「項本姬姓，春秋時有項橐，七歲而為孔子師。」

冕　摯

元按：《周禮》樂官有樂師、大師、小師，其掌磬、鍾、笙、鎛、鞉、簫

〔註37〕夫子，叢書集成初編本作「夫人」。
〔註38〕敗，歸雲別集本作「放」。
〔註39〕乃，湖海樓本、湖北叢書、叢書集成初編本作「及」。
〔註40〕犯，歸雲別集本作「侯犯」。
〔註41〕氏，湖海樓本、湖北叢書本、叢書集成初編本作「子」。

之官皆稱師。〔註42〕師冕、師摯，如《春秋》師曠、師筏、師慧之類。摯本太師，亦稱師摯，如曠本太師，亦稱師曠也。摯又名乙，《樂記》所謂「子貢見師乙而問歌聲」是也。〔註43〕摯、冕姓皆無考。

襄

朱子曰：「襄即孔子所從學琴者。」〔註44〕

元按：襄，擊磬，樂官之名。《史記·世家》云：「孔子學琴師襄子，十日不進。師襄子曰：『可以益矣。』孔子曰：『丘已習其曲矣，未得其數也。』有間，曰：『已習其數，可以益矣。』孔子曰：『丘未得其志也。』有間，曰：『已習其志，可以益矣。』孔子曰：『丘未得其人也。』有間，曰：『有所穆然深思焉，有所怡然高望而遠志焉。』〔註45〕曰：〔註46〕『丘得其為人，黯然而黑，頎然而長，眼如望羊，奄有四方，非文王其誰能為此也？』師襄子辟席再拜曰：『蓋文王操也。』」襄姓亦無考。

干 繚 缺 方叔 武 陽

元按：干、繚、缺、方叔、武、陽，皆樂官之名。或曰：方叔，方名而叔其字也。姓皆無考。其後子孫以官為氏，故有亞飯氏、三飯氏、四飯氏、少師氏云。〔註47〕

鄉原

朱子曰：「鄉原，鄉人之願者也。」

元按：周生烈云：「鄉原者，所至之鄉，輒原其人情而為意以待之也。」何晏云：「鄉，向也。謂其不能剛毅，見人輒原其趨向容媚而合之也。〔註48〕故孔子以為德之賊。」其人姓名無考。

此卷皆魯國人物。

論語類考卷八

〔註42〕鍾，諸本作「鐘」。官，歸雲別集本作「師」。
〔註43〕問，湖海樓本、湖北叢書本、叢書集成初編本作「聞」。
〔註44〕孔子，歸雲別集本作「孔」。
〔註45〕怡，歸雲別集本作「眾」。
〔註46〕曰，湖海樓本、湖北叢書本、叢書集成初編本無。
〔註47〕四飯氏，湖海樓本、湖北叢書本、叢書集成初編本無。
〔註48〕容，湖海樓本、湖北叢書本、叢書集成初編本作「而」。

論語類考卷九

人物考第四

齊桓公

朱子曰：「齊桓公名小白。」

元按：《左傳》：「小白，齊僖公庶子也。」《齊世家》云：「僖公卒，太子諸兒立，是為襄公。僖公同母弟夷仲之子曰公孫無知，弒襄公而自立為齊君。未幾，為雍林人所殺。初，襄公無道，群弟恐禍及，故次弟小白奔莒，鮑叔傅之。次弟糾奔魯，管仲、召忽傅之。大夫高傒及雍林人殺無知，議立君。高、國先陰召小白於莒。魯聞無知死，亦發兵送公子糾，而使管仲別將兵遮莒道，射中小白帶鉤。小白佯死，管仲使報魯。魯送糾者行益遲，六日至齊，則小白已入，高傒立之，是為桓公，發兵距魯。秋，與魯戰於乾時，魯敗走。齊絕魯歸道，遺其書曰：『子糾兄弟，弗忍誅，請魯自殺之。召忽、管仲，讎也，請得而甘心醢之。不然，將圍魯。』魯人患之，遂殺子糾於笙瀆。召忽自殺，管仲請囚以往。鮑叔牙迎管仲，〔註1〕及堂阜而脫桎梏。桓公厚禮，以為大夫，任政。桓公多內寵，五公子皆求立。桓公病卒，五公子爭立相攻。桓公尸在床六十七日，屍蟲出戶。孝公元年八月，始葬桓公。」

齊君

朱子曰：「齊君，莊公，名光。」

元按：《齊世家》云：「靈公十年，以公子光質晉。十九年，立光為太子，高厚傅之。靈公又嬖仲姬，生子牙，請以為太子，公許之。遂東徙太子光，使

〔註1〕牙，湖海樓本、湖北叢書本、叢書集成初編本作「弔」。

高厚傅牙為太子。靈公疾，崔杼迎故太子光而立之，是為莊公。在位六年，崔杼弒之。晏嬰枕公尸而哭，三踊而出。齊太史書曰：『崔杼弒莊公。』〔註2〕崔杼殺之。其弟復書，崔杼復殺之。少弟復書，崔杼乃舍之。」

齊景公

朱子曰：「齊景公名杵臼。」

元按：《齊世家》云：「景公名杵臼，莊公之異母弟也。崔杼弒莊公而立杵臼，是為景公。景公嬖妾鬻姒生子荼，荼少，其母賤，無行。諸大夫恐其為嗣，嘗以為言，而景公乃計立荼為太子，逐群公子於萊。景公卒，陳乞作亂，荼奔魯。乞立景公之庶子陽生，是為悼公，而使人殺荼，乞遂專政。」《春秋私考》云：「齊景公亦賢君也，當其始立，即用晏嬰，故初年政治每有可觀。當時稱晏子以其君顯，蓋有由也。至於晚年，興兵結怨，大異往時，意晏子必已老，不在位。自會夾谷之後，或亦告終。是景公之善惡，繫於晏子之存亡，難以言自立矣。」

簡公

朱子曰：「簡公，齊君，名壬。」

元按：《齊世家》云：「簡公名壬，悼公陽生之子也。初，景公卒，太子荼立，是為晏孺子。景公未葬，而群公子畏誅出亡，陳乞與鮑牧共立陽生，是為悼公。使人遷晏孺子於駘，而殺之幕下。後鮑牧弒悼公，國人立其子壬，是為簡公。初，簡公與父陽生俱在魯也，闞止有寵焉。及即位，陳恒與闞爭寵，因殺闞而弒簡公。」《年表》乃以簡公為景公之子，誤矣。

公子糾

程子曰：「桓公，兄也；子糾，弟也。使桓弟而糾兄，管仲所輔者正，桓奪其國而殺之，則管仲與桓不同世之讎也。若計其後功而與其事桓，聖人之言無乃害義之甚，啟萬世不忠之亂乎？」

金履祥氏曰：「程子之說，據《漢史·淮南王傳》，〔註3〕大約以兄弟為斷。然荀卿、杜預、韋昭俱有桓公殺兄之說，但二者曲直，不待兄弟而後明。顧子糾名義已失，前無正君討賊之義，〔註4〕後有抗君爭國之非，桓公不誅仲而用之，仲安得而讎桓乎？」

〔註2〕莊公，歸雲別集本、湖北叢書本、叢書集成初編本作「其君」。
〔註3〕史，湖海樓本、湖北叢書本、叢書集成初編本作「世」。
〔註4〕君，四庫本作「首」，據諸本改。

元按：《春秋》莊公九年夏，公伐齊，納糾。九月，齊人取子糾殺之。胡安國氏云：「前書『納糾』，不稱子者，明不當立也。後書殺糾，復稱子者，明不當殺也。」季本氏云：「殺子糾稱齊人者，糾欲篡兄，倚魯為亂，國人之所欲殺也。糾不稱弟，絕於族屬，以罪討也，是以子糾為弟也。」以子糾為兄之說，蓋倡於《公》《穀》，故於桓公之入曰篡，曰不讓公子糾。而荀卿之學出於《公》《穀》，故曰「桓公殺兄以爭國」。杜預氏因衍其說曰：「公子糾，桓公之庶兄也。」惟《漢書》薄昭諫淮南厲王，有曰：「齊桓殺其弟以反國。」故程子取此以證子糾之為弟。考諸《春秋》經文，書糾曰「魯納糾」，書小白則曰「齊小白入於齊」。夫以小白繫之齊，則小白當立，而糾之為弟明矣。惟程子以子糾為弟，然後有合於聖人不許召忽之意。而金履祥氏強為之辯，〔註5〕不論兄弟之序，豈不謬哉？

召忽

元按：召忽，公子糾臣也。忽死糾之難，而《春秋》不書者，糾，弟也；桓公，兄也，桓公已立，而忽乃納糾，倚魯稱兵，乾時決戰，豈非欲危社稷之計乎？此糾之所以得罪於齊而見殺也。孔子比之匹夫匹婦自經溝瀆而莫之知也，可以為萬世之公案矣。

管仲

朱子曰：「管仲，齊大夫，名夷吾，相桓公，霸諸侯。」

元按：《史記》云：「管仲夷吾，潁上人也。〔註6〕少時嘗與鮑叔牙遊，〔註7〕鮑叔知其賢。管仲貧困，常欺鮑叔，〔註8〕鮑叔終善遇之，不以為言。已而鮑叔事齊公子小白，管仲事公子糾。及小白立為桓公，公子糾死，管仲囚焉，鮑叔遂進管仲。管仲既用，任政於齊。齊桓公霸諸侯，管仲之謀也。著書五十八篇，名曰《管子》。仲卒，子孫世祿於齊，有封邑者十餘世。」《一統志》云：「管仲墓在牛山之阿。」

伯氏

孔安國氏曰：「伯氏，齊大夫。」

〔註5〕辯，諸本作「辨」。
〔註6〕潁，四庫本、歸雲別集本作「穎」，據湖海樓本、湖北叢書本、叢書集成初編本改。
〔註7〕牙，湖海樓本作「矛」。
〔註8〕常，湖海樓本、湖北叢書本、叢書集成初編本作「嘗」。

元按：伯氏名無考，蓋齊之公族也。先儒以其有駢邑三百，故云齊大夫。然能飯疏食，沒齒無怨言，其亦安分悔過者矣。

晏平仲

朱子曰：「晏平仲，齊大夫，名嬰。」

元按：《史記》云：「晏平仲嬰，萊之夷維人也。」《索隱》云：「晏子名嬰，平，諡；仲，字也。」《山東通志》云：「晏嬰字平仲，齊公族，為大夫，事齊靈公、莊公、景公，以節儉力行顯名諸侯。雖嘗為相，然知陳氏必有齊國，乃聽季札之言，納邑與政。及其閒也，從容諷議，〔註9〕時有匡救焉。平仲之父曰桓，名弱，其子名圉，因田乞作亂而奔魯。」《一統志》云：「晏嬰墓在臨淄縣東北三里。」

陳文子

朱子曰：「陳文子名須無。」

元按：《左傳》齊莊公三年秋，晉大夫欒盈奔齊，莊公厚待之。晏嬰、陳文子諫，弗聽。其後遂有崔杼之禍。《田完世家》云：「陳完，諡敬仲，如齊，改姓田氏。完生穉孟夷，〔註10〕稚孟夷生湣孟莊，湣孟莊生文子須無，事齊莊公。文子生桓子無宇，無宇生武子開與釐子乞，乞事齊景公。乞生子常，是為成子，即陳恒也。」〔註11〕陳文子棄馬十乘事無考。《山東通志》云：「齊有崔、慶之亂，自晏子而下，能自守不污者，惟文子為賢。」

陳成子

朱子曰：「成子，齊大夫，名恒。」

元按：陳恒，《史記》作「田常」，乞之子也。乞卒，恒代立，是為陳成子。陳成子與闞止相齊簡公。闞止字子我，陳恒思害之。〔註12〕闞有寵於簡公，權弗能去。於是陳恒復修釐子之政，厚貸薄收。齊人歌曰：「嫗乎采芑，歸乎陳成子。」齊大夫御鞅諫簡公曰：「陳、闞不可並也，君其擇焉。」不聽。子我常舍公宮，陳恒兄弟四人乘如公宮，殺子我。恐簡公誅己，遂弒簡公。

〔註 9〕諷，四庫本、歸雲別集本作「風」，據湖海樓本、湖北叢書本、叢書集成初編本改。

〔註10〕生，湖海樓本、湖北叢書本、叢書集成初編本作「子」。

〔註11〕陳，湖海樓本、湖北叢書本、叢書集成初編本作「成」。

〔註12〕思，諸本作「心」。

崔子

朱子曰：「崔武子，〔註13〕齊大夫，名杼。」

元按：崔武子杼，〔註14〕齊公族也。《春秋》襄公二十五年夏五月乙亥，齊崔杼弒其君光。《史記·世家》云：「初，棠公妻好，棠公死，崔杼取之。莊公通之，數如崔氏，以崔杼冠賜人。崔杼怒，而不得閒。莊公嘗笞宦者賈舉，賈舉復侍，〔註15〕為崔杼閒公以報怨。五月，莒子朝齊，崔杼稱病不視事。公問崔杼病，遂從崔杼妻。崔杼妻入室不出，公擁柱而歌。宦者賈舉遮公閉門，崔杼之徒持兵從中起。公登臺，請解，不許；請盟，不許；請自殺於廟，不許。公逾牆，射中公股，反墜，遂弒之。崔杼立莊公異母弟杵曰，〔註16〕是為景公。崔杼為右相，慶封為左相。初，崔杼生子成及彊，其母死，娶棠妻。棠妻，東郭女也，生子明。東郭女使前夫棠公之子無咎與其弟東郭偃相崔成。成有罪，二相急治之，立明為太子。成請老於崔杼，崔杼許之，二相弗聽。成、彊怒，告慶封。慶封與崔杼有郤，欲其敗也。成、彊殺無咎、偃於崔杼家。崔杼怒，見慶封。慶封曰：『請為子誅之。』使崔杼仇盧蒲嫳殺成、彊，盡滅崔氏。崔杼無歸，亦自殺，諡曰武子。」

晨門

元按：晨門，齊臣，姓名無考。

以上皆齊國人物。〔註17〕

衛靈公

元按：衛靈公，襄公之子也。初，襄公有賤妾，幸之，有身，夢人謂曰：「我康叔也，今若子必有衛，名而子曰元。」妾怪之，問孔成子。成子曰：「康叔者，衛祖也。」及生子，男也，以告襄公。襄公曰：「天所置也，名之曰元。」襄公夫人無子，於是立元為嗣，是為靈公。靈公在位四十二年。莊子云：「靈公死，卜葬於故墓，不吉，卜葬於沙丘而吉。掘之數仞，得石槨焉，洗而視之，有銘曰：『不憑其子，靈公奪而里之。』夫靈公之為靈也久矣。」季本氏云：

〔註13〕崔武子，四庫本、歸雲別集本作「崔子」，據湖海樓本、湖北叢書本、叢書集成初編本改。

〔註14〕崔武子杼，湖海樓本、湖北叢書本、叢書集成初編本作「崔子杼」。

〔註15〕復，湖海樓本、湖北叢書本、叢書集成初編本作「待」。

〔註16〕杵，湖海樓本、湖北叢書本作「杼」。

〔註17〕湖海樓本、湖北叢書本、叢書集成初編本無「皆」字。歸雲別集本無此句。

「衛靈公主威不立，而盜得以殺其兄；家政不修，而妻得以逐其子；事無名，而每興遠役；行無信，而屢召敵兵。觀孔子因其問陳，而明日遂行，其不足與有為可知。然而不至於喪者，有仲叔圉治賓客，祝鮀治宗廟，王孫賈治軍旅。三子雖非純臣，而才足使令，故倚以苟自逸。然有蘧伯玉而不能用，豈真能任賢者哉？」《一統志》云：「靈公墓在東昌府觀城縣東南四十二里。」

南子

朱子曰：「南子，衛靈公之夫人，有淫行。」

元按：《史記》云：「孔子至衛，靈公夫人南子願見孔子。孔子辭謝，不得已而見之。入門，北面稽首。夫人自帷中再拜，〔註18〕環佩玉聲璆然。孔子曰：『吾鄉為弗見，見之禮答焉。』」孔鮒氏云：「古者大享，夫人與焉。衛君夫人享夫子，夫子亦弗獲已矣。」欒肇氏云：「『予所否者，天厭之。』否，塞也。言我之道不行而否塞者，乃天所厭棄也。」楊慎氏云：「矢者，直也，直告之也，非誓也。」何孟春氏云：「六經、《魯論》、《家語》皆無子見衛南子之事，〔註19〕不知遷何據而云然。」蓋南子者，必魯之南蒯也。佛肸以中牟畔，子路不欲其往，而夫子有「吾豈匏瓜」之喻。南蒯以費畔，子路亦不欲其見也。昭公十四年，南蒯奔齊，對景公曰：「臣欲張公室也。」夫南蒯欲弱季氏以強魯，故夫子見之，非見衛之南子而見魯之南子也。

衛君

朱子曰：「衛君，出公輒也。靈公逐其世子蒯聵，公薨，而國人立蒯聵之子輒，於是晉納蒯聵，而輒拒之。時孔子居衛，衛人以蒯聵得罪於父，而輒嫡孫當立，故冉有疑而問之。」

元按：《衛世家》云：「太子蒯聵與靈公夫人南子有惡，欲殺南子。蒯聵與其徒戲陽遫謀，朝，使殺之。戲陽後悔不果，蒯聵數目之。夫人覺之，懼，呼曰：『太子欲殺我。』靈公怒，太子蒯聵奔宋，已而之晉趙氏。」夫蒯聵，南子之子。南子淫亂，蒯聵不能為親隱惡，而憤激過中，跡不能不涉於亂，不惟南子惡之，雖靈公亦有所不安。此蒯聵所自取之禍，而非有殺母之心也。蓋蒯聵聞野人之歌，其心慚焉，以告南子。南子啼而走，言太子將殺己以誣之。靈公惑於其言，亦不難於逐蒯聵矣。《春秋》書「衛世子蒯聵出奔宋」。宋，南子

〔註18〕帷，湖海樓本、湖北叢書本、叢書集成初編本作「幃」。
〔註19〕衛，湖海樓本、湖北叢書本、叢書集成初編本無。

家也。蒯聵負殺南子之名，豈敢奔宋哉？《春秋》繫之世子，則蒯聵無殺母之惡，而靈公輕信讒言明矣。《衛世家》又云：「靈公遊於郊，令子郢僕。郢，靈公少子也，字子南。靈公怨太子出奔，謂郢曰：『我將立若為後。』郢對曰：『郢不足以辱社稷，君更圖之。』靈公卒，夫人命子郢為太子，〔註20〕曰：『此靈公命也。』郢曰：『亡人太子蒯聵之子輒在，不敢當。』於是衛乃以輒為君，是為出公。趙簡子欲納蒯聵，衛人聞之，　兵擊蒯聵，蒯聵不得入。」羅泌氏云：「子南，靈公之介子，蒯聵之弟也。蒯聵既奔，子南辭位。子南之德，實媲夷、齊。孔子居衛，蓋有疑輒逆德，不可為君，而子南之賢可立而不立者。故冉有求折於子貢，而子貢舉夷、齊為問。夫子以為古之賢人，求仁而得仁。夫夷、齊以遜國為仁，則夫子不為衛君，而郢賢可知矣。當夫人以君命立郢，而郢以輒在辭，此叔齊之義也。〔註21〕先儒乃以夫子善夷、齊兄弟之遜，〔註22〕為惡蒯聵父子之爭。蘇氏取而著為伯夷之傳，至謂夷、齊之出，父子之間必有閒言者，豈不鑿哉？父子之爭，十惡之罪首也。當時諸侯固數以為譙矣，此非隱奧也。〔註23〕孰謂求、賜高弟，〔註24〕不能知此，而反聖人疑耶？郢之遜，可謂求仁而得仁矣。」

公子荊

朱子曰：「公子荊，衛大夫。」

元按：《左傳》昭公二十年，公南楚驂乘，以身衛賊，〔註25〕而免君於難。《春秋釋名》云：「公南楚，即公子荊也。」又襄公二十九年，吳公子札來聘，適衛，見蘧瑗、史狗、史鰌、公子荊、公叔發、公子朝，曰：「衛多君子，未有患也。」

公孫朝

朱子曰：「公孫朝，衛大夫。」

元按：《路史》衛支庶之姓有公孫氏，朝之事實無考。

〔註20〕夫人命子郢為太子，湖海樓本、湖北叢書本、叢書集成初編本作「夫人曰命子郢為太子」。
〔註21〕叔，湖海樓本、湖北叢書本、叢書集成初編本作「夷」。
〔註22〕先儒，四庫本、歸雲別集本作「儒先」，據湖海樓本、湖北叢書本、叢書集成初編本改。
〔註23〕此非，湖海樓本作「非此」，湖北叢書本、叢書集成初編本作「非比」。
〔註24〕弟，四庫本作「第」，據諸本改。
〔註25〕衛，湖北叢書本、叢書集成初編本作「捍」。

公叔文子

朱子曰：「公叔文子，衛大夫公孫枝也。」〔註26〕

元按：《世本》云：「獻公生成子當，當生文子拔，〔註27〕拔生朱，〔註28〕為公叔氏。」孔安國氏云：「公叔文子，公孫枝也。文，諡也。」然《左傳》則作「公叔發」。杜預氏注云：「公叔發，公叔文子也。」《檀弓》云：「公叔文子卒，其子戍請諡於君，〔註29〕乃諡為貞惠文子。」其後衛侯惡公叔戍，以其富也。公叔戍又欲去南子之黨，若宋朝之徒者，南子愬之曰：「戍將為亂。」於是戍奔魯。薛應旂氏云：「賢哉文子，仲尼所以文之也。非直以其能升僎也，受知於君，而其子猶不免焉。嗚呼！富也夫。」

僎

元按：僎初為公叔文子家臣，文子薦之，使與己並為大夫，故稱大夫僎。僎之事實無考。

公明賈

朱子曰：「公明，姓；賈，名。亦衛人。」

元按：《路史》衛之公族有公明氏，而魯則無公明氏也。然朱子又以公明儀、公明高為魯人，豈衛之公明氏移居魯耶？賈之事實無考。〔註30〕

蘧伯玉

朱子曰：「蘧伯玉，衛大夫，名瑗。孔子居衛，嘗主於其家。」

元按：《莊子·則陽篇》云：〔註31〕「蘧伯玉行年六十而六十化。」《淮南子》云：「蘧伯玉行年五十而知四十九年之非。」《史記·列傳》云：「孔子之所嚴事於衛蘧伯玉。」〔註32〕裴駰氏云：「外寬而內直，自娛於隱括之中，〔註33〕直己而不直人，汲汲於仁，以善自終，蓋蘧伯玉之行也。」靈公與夫人夜坐，聞車聲，至闕而止，過闕後有聲，夫人曰：「此蘧伯玉也。伯玉，衛之賢大夫也，仁而有智，敬於事上，此其人必不以闇昧廢禮。」《左傳》：甯喜弒

〔註26〕枝，湖海樓本、湖北叢書本、叢書集成初編本作「拔」。

〔註27〕拔，歸雲別集本作「枝」。

〔註28〕拔，歸雲別集本作「枝」。

〔註29〕戍，湖海樓本、湖北叢書本、叢書集成初編本作「戌」。下同，不出校。

〔註30〕實，湖海樓本、湖北叢書本、叢書集成初編本無。

〔註31〕莊，湖海樓本作「孔」。

〔註32〕蘧，四庫本、歸雲別集本無，據湖海樓本、湖北叢書本、叢書集成初編本補。

〔註33〕隱，湖北叢書本、叢書集成初編本作「隰」。

其君剽，孫林父入於戚以叛，而伯玉行，從近關出。此所謂「邦無道，卷而懷之」者。《一統志》云：「墓在衛輝府城西。」

孔文子

朱子曰：「孔文子，衛大夫，名圉。」

元按：孔文子即仲叔圉，孔鉏之曾孫，衛之執政上卿，孔子所謂「仲叔圉治賓客」者是也。初，文子使大叔疾出其妻，而妻其女孔姞。後疾出奔宋，衛人立其弟遺，文子又使遺室姞焉。靈公四十一年，文子同齊師及鮮虞伐晉，取棘蒲。

甯武子

邢昺氏曰：「《春秋》文公四年，衛侯使寧俞來聘。《左傳》云：『衛寧子來聘，公與之宴，為賦《湛露》及《彤弓》。不辭，又不答賦，使行人私焉。對曰：「臣以為肄業及之也。」』杜預氏注云：『此其愚不可及也。』」

朱子曰：「甯武子，衛大夫，名俞。按《春秋傳》，武子仕衛，當文公、成公之時。文公有道，而武子無事可見，此其知之可及也。〔註34〕成公無道，至於失國，而武子周旋其間，盡心竭力，不避艱險。凡其所處，皆智巧之士所深避而不肯為者，而卒能保其身以濟其君，〔註35〕此其愚之不可及也。」

元按：甯氏，衛公族也。《左傳》僖公二十八年，楚成王與晉文公戰於城濮，楚師敗。衛侯懼，出居襄牛之地以避晉，而奔楚。遂適陳，使元咺奉叔武以受盟。或訴元咺於衛侯曰：「立叔武矣。」其子角從衛侯，衛侯殺之。〔註36〕咺不廢命，奉叔武入守。六月，晉人復衛侯，元咺出奔晉。衛侯與元咺訟，甯武子為輔，鍼莊子為坐，士榮為大士。衛侯不勝，殺士榮，刖鍼莊子，謂寧俞忠，而免之。執衛侯，歸於京師，置諸深室，寧俞職納橐饘焉。僖公三十年，晉侯使醫衍酖衛侯，寧俞貨醫，使薄其酖，不死。魯納玉於王與晉侯，皆十穀，乃釋衛侯。武子之父莊子，名速，武子之子名相，相之子名殖。

史魚

朱子曰：「魚，衛大夫，名鰌。」

元按：《家語·困誓篇》云：「衛蘧伯玉賢，而靈公不用。彌子瑕不肖，反任之。史魚驟諫，不從，病將卒，命其子曰：『吾在衛，不能進蘧伯玉，退彌

〔註34〕及，湖海樓本、湖北叢書本、叢書集成初編本作「知」。
〔註35〕卒能，湖海樓本、湖北叢書本、叢書集成初編本作「能卒」。
〔註36〕衛侯，湖海樓本作「衛衛」。

子瑕，是吾生不能正君，死無以成禮。我死，汝置屍牖下，於我畢矣。』其子從之。靈公弔焉，怪而問，其子以告。公曰：『是寡人之過也。』於是命之殯於客位，進蘧伯玉而用之，退彌子瑕而遠之。孔子聞之，曰：『古之諫者，死則已矣，未有若史魚死而尸諫，忠感其君也，可不謂直乎？』」

祝鮀

朱子曰：「鮀，衛大夫，字子魚。」

元按：鮀，衛之大祝，《左傳》作「祝佗」。定公四年，會於召陵，盟於皋鼬。將會，衛子行敬子言於靈公曰：「會同難，〔註37〕嘖有煩言，莫之治也。其使祝佗從。」公曰：「善。」乃使子魚及皋鼬。將盟，將長蔡於衛。衛侯使祝佗私言於萇弘。萇弘說，告劉子，與范獻子謀之，乃長衛侯於盟。孔子謂「祝鮀治宗廟」，鮀之才亦有可用者。〔註38〕

王孫賈

朱子曰：「王孫賈，衛大夫。」

元按：王孫賈，衛公族也。賈從靈公與晉盟，已而叛之。觀其媚竈之言，其人專權，本非賢大夫，而孔子又取其治軍旅，聖人至公之心，無棄人也如此。賈子王孫齊，亦為衛大夫。

棘子成

朱子曰：「棘子成，衛大夫。」

元按：鄭玄氏云：「棘子成，衛大夫，舊說也。」此自漢以來相傳之言，其事實無考。

儀封人

元按：儀封人，衛臣，姓名無考。薛應旂氏云：「封人，儀姓，族出晉陽。徐有儀楚，陳有儀行父云。」

荷蕢

元按：荷蕢，衛人，姓名無考。

以上皆衛國人物。〔註39〕

〔註37〕同難，四庫本、歸雲別集、湖海樓本作「難同」，據湖北叢書本、叢書集成初編本改。

〔註38〕鮀，湖海樓本、湖北叢書本、叢書集成初編本無。

〔註39〕歸雲別集本無此句。

晉文公

朱子曰：「晉文公名重耳。」

元按：晉文公，獻公之子。《晉世家》云：「獻公即位，重耳年二十一矣。〔註40〕獻公伐驪，得驪姬，生子奚齊。獻公有意廢太子申生，〔註41〕乃使申生居曲沃，公子重耳居蒲，公子夷吾居屈。獻公與驪姬子奚齊居絳。驪姬讒申生，申生自殺。重耳、夷吾來朝，驪姬又讒之，於是重耳走蒲，夷吾走屈。獻公使兵伐蒲，重耳遂奔翟，夷吾奔梁。獻公卒，屬奚齊於荀息。里克欲納重耳，乃殺奚齊，使人迎重耳。重耳畏殺，不敢入，乃迎夷吾立之，是為惠公。惠公欲使人殺重耳，重耳聞之，如齊。惠公卒，子圉立，是為懷公。秦怨子圉，乃發兵納重耳，使人告欒、郤之黨為內應，殺懷公於高梁。重耳立，是為文公。重耳自少好士，有賢士五人，曰趙衰、狐偃、咎犯、〔註42〕賈佗、先軫、魏武子。」重耳出亡十九歲而得入，年六十二即位，九年而卒。將殯於曲沃，出絳，柩有聲如牛。其詳載《晉文春秋》四十五篇中。

佛肸

朱子曰：「佛肸，晉大夫，趙氏之中牟宰也。」

元按：孔安國氏云：「佛肸，晉大夫，趙簡子之邑宰。」《史記》云：「佛肸為中牟宰，趙簡子攻范、中行，伐中牟，佛肸畔。佛肸置鼎於庭，致士大夫曰：『與我者受邑，不與者烹。』大夫皆從，惟邑人田單曰：『義死不避斧鉞之罪，義窮不受軒冕之服，不如烹。』褰衣將就鼎，佛肸脫履而生之。趙簡子聞而欲賞之，田單不受賞，遂南之楚。」何孟春氏云：「佛肸畔，召孔子，乃哀公初年孔子在陳、蔡時事也。孔子年幾六十矣。哀公十七年，孔子卒。後四年，趙簡子卒，子無邮立，是為襄子。而劉向《列女傳》云：『佛肸之畔，其母將論，求見趙襄子，襄子釋之。君子曰：佛肸母一言而發襄子之意，使其不遷怒，以免其身。』蓋劉向失於未考耳。」

子產

孔安國氏曰：「子產，鄭大夫公孫僑。」

元按：《左傳》子產，穆公之孫，公子發之子，名僑。公子之子稱公孫，故曰公孫僑。襄公三十年，為鄭大夫，執國政。公子發，字子國。公孫之子以

〔註40〕二十一矣，湖海樓本、湖北叢書、叢書集成初編本作「二十一年矣」。
〔註41〕獻公，四庫本作「獻子」，據諸本改。
〔註42〕咎，歸雲別集本作「舅」。

王父字為氏，〔註43〕故其後或謂之國僑。事載《左傳》。孔子聞子產卒，出涕曰：「古之遺愛也。」《一統志》云：「墓在開封府新鄭縣邢山之巔。」

裨諶

孔安國氏曰：「裨諶，鄭大夫氏名也。」

元按：《春秋》襄公三十一年《左傳》云：「裨諶能謀，馮簡子能斷。〔註44〕裨諶謀於野則獲，謀於邑則否。鄭國將有諸侯之事，則子產使裨諶乘車以適野而謀可否，使馮簡子斷之。事成，乃授子太叔。」

世叔

馬融氏曰：「世叔，鄭大夫游吉也。」〔註45〕

朱子曰：「世叔，《春秋傳》作『子太叔』。」

元按：古字世、太通用。「世叔」一作「太叔」，如太子亦稱世子也。世叔游吉，公子偃之孫，以王父字為氏。《左傳》云：「北宮文子相衛襄公如楚，過鄭，文子入聘，子羽為行人。馮簡子與子太叔逆客，事畢而出，言於衛侯曰：『鄭有禮，數世之福也。』子太叔美秀而文，其弟游楚作亂，子產治其罪，放之於吳。」

子羽

馬融氏曰：「子羽，公孫揮也。」

邢昺氏曰：「子羽，亦鄭大夫。」

元按：《左傳》云：「公孫揮能知四國諸侯之所欲為，而辨於其大夫之族姓、班位、貴賤、能否，而又善為辭令。」揮，一作揖。《一統志》云：「子羽墓在開封府通許縣東。」

宋朝

朱子曰：「朝，宋公子。」

元按：《左傳》：宋朝，宋公子也。美色，仕衛為大夫，有寵於靈公。衛太叔疾娶其女。朝通於靈公嫡母襄夫人宣姜及其夫人南子，懼，遂與齊豹、北宮喜、褚師圃作亂，逐靈公。其後靈公入衛，與北宮喜盟於彭水之上。宋朝出奔晉，自晉歸宋。靈公復為夫人南子召宋朝。公叔戌欲逐宋朝，南子愬諸靈公曰：「戌將為亂。」靈公逐公叔戌，奔魯。太子蒯聵獻盂於齊，過宋野，野人歌曰：

〔註43〕之子，湖海樓本、湖北叢書本、叢書集成初編本作「七子」。

〔註44〕馮，湖海樓本、湖北叢書本、叢書集成初編本無。

〔註45〕游吉也，湖海樓本、湖北叢書本、叢書集成初編本無。

「既定爾婁豬，盍歸吾艾豭？」太子羞之。金履祥氏云：「宋公子朝與南子內亂，宋不罪其宄，而衛又召之，以遂其奸。其免於今之世者如此。」

桓魋

朱子曰：「桓魋，宋司馬向魋也。出於桓公，故又稱桓氏。」

元按：《史記‧世家》云：「孔子適宋，與弟子習禮大樹下。宋司馬桓魋欲殺孔子，拔其樹。孔子去，適鄭。」孟子所謂「微服過宋」，蓋此時也。魋據曹以叛，其兄左師巢伐之，不克。魋奔衛，巢奔魯。宋景公使人止之，曰：「不可以絕向氏之祀。」辭曰：「臣之罪大，不可入矣。」司馬牛致邑與珪而適齊。魋出於衛地，公文氏攻之，又奔齊。陳文子使為次卿。司馬牛去齊適吳。魋嘗作石椁，三年不成。孔子曰：「若是其靡也。」金履祥氏云：「魋蓋宋桓公之後，別為向氏、司馬氏。」〔註46〕解見司馬牛下。

太宰

元按：太宰，宋臣，詳見《職官考》，其人姓名不傳。

陳司敗

元按：陳司敗，陳臣，其姓名亦無考。

以上晉、鄭、宋、陳人物。〔註47〕

子文

朱子曰：「子文姓鬬，名穀於菟。」

元按：《左傳》：若敖娶於邧，生鬬伯比。若敖卒，伯比從其母畜於邧，合於邧女，生子文焉。邧夫人使棄諸夢中，虎乳之。邧子田，遂收之。楚人謂乳穀，謂虎於菟，故名。楚成王時，子文代子元為令尹。靖國之難，朝不謀夕，舉子玉為令尹，悉告以舊政。楚人伐隨伐鄭，滅弦滅黃，子文之功居多。其孫鬬克黃，楚箴尹也，〔註48〕以功封於郹，為郹公。克黃生鬬蔓成然，〔註49〕字子旗，亦為令尹。成然生二子，鬬辛、鬬懷，皆有名於世。薛應旂氏云：「子文之忠，其他可能也。置族人於廷理，而族人不怨，不可能也。名

〔註46〕氏，湖海樓本、湖北叢書本、叢書集成初編本無。

〔註47〕歸雲別集本無此句。

〔註48〕箴，四庫本、歸雲別集本作「蒧」，湖海樓本、湖北叢書本、叢書集成初編本改。

〔註49〕生，湖海樓本、湖北叢書本、叢書集成初編本作「子」。

稱溢於當時，〔註50〕聲光流於罔極，豈偶然哉？」

子西

朱子曰：「子西，楚公子申。」

元按：春秋之時，有三子西，鄭駟夏、楚宜申，及公子申也。駟夏未嘗當國，無大可稱。宜申謀亂被誅，〔註51〕相去孔子之時又遠。獨公子申與孔子同時，故《集注》以為公子申。《楚紀》云：「公子申，字子西，昭王庶兄也。平王卒，令尹子常欲立子西。子西曰：『國有常法，更立則亂。』乃立太子珍，為昭王。」《楚世家》云：「子西，平王之庶弟也。」則子西非昭王庶兄，乃其叔父矣。又云：「昭王病，召諸公子大夫，讓其弟公子申為王。」則公子申與子西為二人。《左傳》：吳師入郢，昭王奔隨。子西敗吳師於軍祥。昭王之奔隨也，子西為王輿服，國於脾洩。使王孫由於城麋，遷都於鄀。昭王救陳，卒於城父。子西與子期潛師閉塗，逆越女之子章立之，是為惠王。哀公十五年，子西、子期伐吳，及桐汭。〔註52〕後召太子建之子勝為白公，作亂，子西死之。夫子西辭子常之請而遜位，相昭王之弱而定國，知夫差之侈而必敗，可謂勤矣。乃卒沮書社之封，召白公之亂，焉得為智乎？孔子曰：「彼哉彼哉！有所試矣。」

葉公

朱子曰：「葉公，楚葉縣尹沈諸梁，字子高，僭稱公也。」

元按：杜預氏注《左傳》，謂沈諸梁，楚莊王之玄孫，沈尹戌之子。戌為沈尹，又為左司馬，多直諫，國人賴之。子高為葉公時，子西召太子建之子勝於吳，子高諫之。其後勝作亂，殺子西、子期，劫惠王。子高聞之，帥師定方城，與國人攻白公勝，勝奔山自縊。子高兼二事，乃使子西之子寧為令尹，子期之子寬為司馬，退而老於葉。初，子高有弟曰后臧，從其母於吳，不待而歸，子高絕之。子高好龍，鑿室雕龍，天龍聞而下焉，子高懼而走。故子張曰：「葉公非好龍，好夫似龍而非龍者也。」夫葉公問孔子於子路，蓋知聖而不能舉者。然其知白公必亂，子西、子期之必不能弭亂，而國人望之，若望歲焉，若望慈母焉。〔註53〕孔子告之政，曰：「近悅遠來。」子高亦允蹈之哉。

〔註50〕時，湖海樓本、湖北叢書本、叢書集成初編本作「世」。

〔註51〕申，湖海樓本、湖北叢書本、叢書集成初編本作「生」。

〔註52〕汭，四庫本、歸雲別集本、湖海樓本作「油」，據湖北叢書本、叢書集成初編本改。

〔註53〕慈母，歸雲別集本作「慈父母」。

接輿

朱子曰：「接輿，楚人，佯狂避世。」

元按：《莊子》「接輿」作「接輿」，《注》云：「楚人，姓陸，名通。」皇甫謐云：「接輿躬耕，楚王遣使以黃金百鎰、車二駟聘之，不應，與其妻共隱。」《列女傳》云：「楚接輿躬耕以為食，楚王聘之以治淮南。妻曰：『不如去之。』夫負釜，妻載紝器，變易姓名而遠徙，〔註54〕莫知所之。」又《楚辭》云：「接輿髡首。」《注》云：「接輿後自髡。」金履祥氏云：「《莊子》載接輿歌鳳句甚多，然出於附會詆訾，當以《論語》所載為正。蓋知尊聖人而歎其衰，知愛聖人而憂其殆，而不知聖人之中道也。」

長沮　桀溺

朱子曰：「二人，隱者。」

元按：金履祥氏云：「古之隱者，不以姓名自見，人亦不得而知之。《論語》所載，若荷蕢、晨門、荷蓧丈人，皆以其物與事名之，不得其姓名之真也。獨長沮、桀溺，若得其名氏者。然長與桀，古無此姓氏，而名又皆從水。夫子使子路問津而不告，則一時何自而識其姓名？計亦以其物色名之。〔註55〕蓋二人耦耕於田，其一人長而沮洳，其一人桀然高大而塗足，因以名之爾。」

荷蓧丈人

元按：荷蓧丈人，姓名無考。《易》「師丈人」，朱子云：「丈人，長老之稱。」楊氏云：「丈者，黍龠尺引之積。」故王充《論衡》云：「人形以一丈為止，故名男子為丈夫。」《淮南子》云：「老者杖於人，謂之丈人。」恐未然。

以上皆楚國人物。〔註56〕

朱張

元按：王弼氏云：「朱張，字子弓，即荀卿所謂仲尼、子弓者。」邢昺氏云：「朱張行與孔子同，故孔子不論其行。」荀卿氏云：「彼大儒者，雖隱於窮閻漏屋，〔註57〕而王公不能與之爭名。其言有類，其行有禮，其舉事無悔，其持險應變曲當，與時遷徙，其道一也。其窮也，俗儒笑之；其通也，英傑化之。通則一天下，窮則獨立貴名。桀、跖之世，不能污仲尼、子弓是也。」

〔註54〕遠，湖海樓本、湖北叢書本、叢書集成初編本作「往」。
〔註55〕計，湖海樓本、湖北叢書本、叢書集成初編本作「諒」。
〔註56〕歸雲別集本無此句。
〔註57〕窮閻漏屋，湖海樓本、湖北叢書本、叢書集成初編本作「窮閻漏室」。

少連

朱子曰：「少連，東夷人。少連事不可考，然《記》稱其『善居喪，三日不怠，三月不解，期悲哀，三年憂』，則行之中慮可見矣。」

元按：《禮記‧雜記》：「孔子曰：『少連、大連善居喪，東夷之子也。』」大、少，伯仲之稱。

論語類考卷九

論語類考卷十

禮儀考第一

禘

孔融氏曰：「禘祫之禮，為序昭穆，故毀廟之主及群廟之主，皆合食於太祖。」

鄭玄氏曰：「天子祭圜丘曰禘，祭宗廟大祭亦曰禘。三年一祫，五年一禘。祫則以毀廟、群廟之主於太祖廟合而祭之。禘則增及百官配食者，審諦而祭之。」

杜佑氏曰：「古者天子、諸侯三年喪畢，皆合先祖之神而享之。虞、夏之制，元年、二年喪畢而祫，三年夏特禘，四年夏祫禘。每間歲皆然，以終其代。殷制，元年、二年喪畢而祫，自三年以後，春皆特禘。周制，天子、諸侯三年喪畢，禫祭之後，乃祫於太祖，明年春，禘於群廟，以後五年一禘祫。禘以夏，祫以秋。」

趙匡氏曰：「禘，王者之大祭。王者立始祖之廟，推始祖所自出之帝，祀於始祖之廟，而以始祖配之也。」

朱子曰：「《祭法》，周人禘嚳，天子七廟，三昭三穆，及太祖之廟而七。周之太祖，后稷也。禘嚳於后稷之廟，而以后稷配之，所謂『禘其始祖之所自出，以始祖配之』者也。《祭法》又曰：『周祖文王。』而《春秋》家說，三年喪畢，致新死者之主於廟，亦謂之吉禘。是祖一號而二廟，禘二名而二祭也。〔註1〕王者有禘有祫，諸侯有祫而無禘。」

〔註1〕二名，湖北叢書本、叢書集成初編本作「一名」。

　　楊恪氏曰：「鄭氏以禘祫皆為魯禮，不知諸侯有祫無禘。成王賜周公以禘禮，蓋亦禘於周公之廟耳。閔、僖二公，竊禘之盛禮，以行吉祭，致夫人。《春秋》特書閔、僖二禘者，惡僭竊之始也。今乃據《春秋》書二禘以為魯禮，可乎？又以禘祫同為殷祭，不知祫者，合群廟之主於太祖之廟，方為殷祭；禘者，禘其祖之所自出於始祖之廟，而以始祖配之，不兼群廟之主，為其尊遠，不敢褻也。今乃謂禘為殷祭，可乎？自鄭氏之說倡，而後之言禘者，皆求於一禘一祫之中，混禘於祫，而不知有禘矣。」

　　馬端臨氏曰：「虞、夏禘黃帝，殷、周禘嚳。《禮》『不王不禘』，王者禘其祖之所自出，而以其祖配之。鄭氏謂王者之祖，皆感太微五帝之精以生。周之祖，后稷也。祖之所自出者，蒼帝靈威仰也。遂指禘為祭天之禮，混禘於郊，捨嚳而言靈威仰，妄矣。《爾雅》以禘為大祭，夫子答或人之問禘，不敢易其對。而後儒以禘為祭之至大者，必推尊其所以大之，故謂禘為配天，謂祫為合群廟之主，謂禘為非時享，而禘之說紛紛矣。」

　　羅泌氏曰：「周郊天帝，魯郊五帝。周禘帝嚳，魯禘文王。周郊日至，魯郊孟春。周牛以騂，魯牛白牡，豈魯之疑其僭而自為之制耶？周祖后稷，故禘帝嚳。魯祖周公，〔註2〕故禘文王。日至，天帝用事之始，故祀天帝。孟春，五帝用事之始，故祀五帝。《春秋》四卜不從，鼠食牛死，〔註3〕有天道矣。《魯頌》『皇皇后帝』，後帝非靈威仰也。享以騂犧，騂犧非白牡也。騂犅赤脊，〔註4〕《公羊》有明文。而禘周公以白牡，固《明堂位》之說也。豈祭周公以白牡，而魯公反騂犅乎？〔註5〕《周禮》王建十有二斿，而《覲禮》天子載大斾以象日月交龍，而魯以龍斿承祀，載弧韣，十有二旒。日月，與天子之禮無毫末異矣。周禮在魯，果足信乎？」

　　元按：禘祫之禮略同，祫則合群廟之主，禘則上及其祖之所自出。馬融、王肅皆云禘大祫小是也。鄭玄注二禮，乃云祫大禘小。賈逵、劉歆則云一祭二名，禮無差降。蓋不深考《大傳》《小記》之文與四代禘郊祖宗之義，但以禘祫同為殷祭，故云無差降耳。而杜佑《通典》則以鄭說為長，謂祫備五齊三酒，禘惟四齊三酒；祫用六代之樂，禘用四代而下，又無降神之樂。賈公彥亦謂祫十二獻，禘惟九獻。此皆溺於祫大禘小之說故也。周以后稷為始祖而禘嚳。季

〔註2〕祖，湖海樓本、湖北叢書本、叢書集成初編本無。
〔註3〕鼠食牛死，歸雲別集本作「鼠食牛角牛死」。
〔註4〕犅，四庫本作「剛」，據諸本改。
〔註5〕犅，四庫本作「剛」，據諸本改。

本謂姜嫄履武生稷，稷本無父，不宜推及於嚳。此不通之論也。玄鳥之祥，歐、蘇已辨其誣，安可謂稷為無父而周不宜禘嚳哉？魯之禘，則非嚳與稷矣。《春秋》閔公二年夏五月，吉禘於莊公。《注》云：「魯之為禘，追祭文王，而以周公配之也。於莊公者，以莊公配也。追祭文王而配以周公，魯禘之常也。配而及於莊公者，為慶父也。」又僖公八年秋七月，禘於太廟，用致夫人。又荀罃辭，荀偃、士匄曰：〔註6〕「魯有禘禮，〔註7〕賓祭用之。」夫以禘而致夫人，饗賓客，失禮愈甚矣。《王制》云：「諸侯礿則不禘，禘則不嘗，嘗則不烝。」說者謂魯宜禘也，然不知《王制》所謂諸侯之禘乃時享耳，豈魯之大禘乎？《明堂位》云：「成王以周公有勳勞於天下，命魯公世世祀周公以天子之禮樂。魯君孟春乘大路，載弧韣，旗十有二旒，日月之章，祀帝於郊，配以后稷。季夏，以禘禮祀周公於太廟，牲用白牡，尊用犧、象、山罍，郁尊用黃目，灌用玉瓚大圭，薦用玉豆雕篹，爵用玉盞仍雕，加以璧散、璧角，俎用梡嶡，升歌清廟，下管象，朱干玉戚，冕而舞《大武》，皮弁素積，裼而舞《大夏》。君衮冕，立於阼，夫人副褘，立於房中。君肉袒迎牲於門，夫人薦豆籩，卿大夫贊君，命婦贊夫人。」董仲舒云：「成王之使魯郊，蓋報德之禮也。於乎！曾謂成王、伯禽而有是悖禮之事哉？周公雖有勳勞，亦人臣之分所宜然者，成王豈得越典而報之？禮，天子禘，諸侯祫，大夫享，庶人薦。諸侯僭分而禘，辱其祖矣，豈得謂之報周公乎？蓋使魯之郊禘者由於周王，而非由於周之成王耳。」《史記》云：「平王東遷之初，魯惠公使宰讓請郊廟之禮於天子，天子使史角往，公止之，自後魯有墨翟之學。」據此，則魯之僭天子禮，自平王、惠公始也。魯請郊廟而天子使史角往者，猶且慎重其事，使監臨焉，而公遂止之不遣者，取便於己，庶習熟其儀而成其僭也。兩觀大輅，萬舞冕璪，有不始於茲乎？自後移所以祀文王、周公之禮而徧及於群廟，不知其非矣。孔子曰：「魯之郊禘，非禮也，周公其衰矣。」其有傷於平王、惠公之時乎？《呂氏春秋》以為桓王使史角往，非是。

灌

朱子曰：「灌者，方祭之始，用鬱鬯之酒灌地，以降神也。」

許謙氏曰：「灌用秬黍釀酒，以鬱金草十葉為貫，百二十貫為築，以煮之，臼以捯，杵以梧，以搗之，而和酒中，其芬香暢達，故謂之鬱鬯。用圭瓚盛之，

〔註6〕匄，四庫本、歸雲別集本、湖海樓本無，據湖北叢書本、叢書集成初編本補。
〔註7〕禮，湖北叢書本、叢書集成初編本作「樂」。

於始祭之時，灌之於地，使香氣達九泉，以求其神，然後迎牲。」

元按：禘禮九獻，灌乃一獻二獻之禮也。禘前十日，典瑞共灌獻之珪璋。禘日夙興，室中近北陳鬱鬯，有鬱人掌灌事，和鬱鬯以實彝而陳之。濯灌玉，詔灌將之儀，與其早晏之節，及沃盥之事。將灌，則王服袞冕而入，奏《王夏》。后服副褘，從王而入，奏《齊夏》。次乃尸入，則奏《肆夏》。王以圭瓚酌罍彝之鬱鬯以授尸，尸受之，灌地祭之以降神，乃啐之，奠之，此求神之始也，是為一獻。後乃以璋瓚酌黃彝之鬱鬯以亞獻尸，尸亦祭之，啐之，奠之，是為二獻。灌以求神，謂之二始。蓋周人尚臭，故以鬯臭也。自後王始迎牲入，奏《昭夏》。由三獻至於九獻，王酌玉爵，后酌瑤爵，饌饋既殊，而樂奏亦異，此大禘之禮也。《明堂位》云：「灌尊，夏后氏以雞夷，殷以斝，周以黃目。其勺，夏后氏以龍勺，殷以疏勺，周以蒲勺。」先儒謂既灌而往，始列尊卑，序昭穆。孔子以魯祀躋僖為逆，故不欲觀。然既灌之後，何昭穆之可序乎？朱子謂魯之君臣浸以懈怠，故無足觀。此亦臆度之耳，而孔子之意固未發也。

宗廟之事

邢昺氏曰：「宗廟之祭祀，謂禴祭、烝嘗，〔註8〕及追享、朝享、禘祫之類。」

元按：有虞氏宗廟四時之祭，春礿、夏禘、秋嘗、冬烝，其祭尚氣。夏后因有虞，其祭貴心，用昏。殷亦因夏，其祭尚聲，貴肝，用日出。周祭則春祠、夏礿、秋嘗、冬烝，以禘為殷祭之名。殷，大也，《易》曰「殷薦上帝，配祖考」是也。其祭尚臭，故用鬱鬯以灌也。祭用肝，用朝及闇。子路祭於季氏，質明而始行事，孔子取之，謂用朝也。《周禮》大宗伯以肆獻祼饋食享先王，以祠禴嘗烝享先王，祼與灌同，禴與礿同。《祭法》則云：「王立七廟，諸侯五廟，皆月祭之。」是《周禮》有時祭，無月祭；《祭法》有月祭，無時祭。《周語》祭公謀父云：〔註9〕「日祭，月祀，時享，歲貢。」《楚語》射觀父云：「日祭，月享，時類，歲祀。」然《祭義》曰：〔註10〕「祭不欲數，數則煩；祭不欲疏，疏則怠。」《家語》謂親廟有月祭，似涉於煩；四親廟有享嘗，而無時祭，又涉於怠。《緯書》曰：「三年一祫，五年一禘。」豈有遠祖惟三年、五年一祭，

〔註8〕禴祭，歸雲別集本作「禴祠」。
〔註9〕謀，四庫本、湖海樓本無，據歸雲別集本、湖北叢書本、叢書集成初編本補。
〔註10〕義，四庫本、歸雲別集本作「儀」，據湖海樓本、湖北叢書本、叢書集成初編本改。

而間年不得一享者哉？故皇氏謂虞、夏每年一祫，其說必有自矣。《王制》云：
「天子犆礿，祫禘，祫嘗，祫烝。諸侯礿犆，禘一，犆一祫，嘗祫，烝祫。」
〔註11〕程子遂以此祫為時祫，謂諸侯祠禴嘗烝之祭為煩，〔註12〕故每年四祭
之中，三祭合食於祖廟，惟春則祭群廟。然《春秋》宣公八年夏六月，有事於
太廟，釋者以為時祫，而《春秋》又書烝，書嘗，書繹，則犆不止於春也，何
為而又有時祫乎？四時皆有祭，而享嘗、追享、朝享，乃間祭之名。享嘗即秋
嘗也，追享即禘也，朝享即祫也。享嘗於不遷之廟行之，故《禮記》有大嘗之
名。祫禘皆於冬烝之月行之，故《周禮》有大烝之名。周公告祭文、武廟於雒
邑，亦禘禮也，而《周書》謂之烝。蓋禘祫行於秋冬者，皆得稱時祭，故孔安
國以烝嘗為大享，謂秋冬易於洽百禮耳。然魯文公行祫於建未之月，閔公行禘
於建辰之月，僖公又行於建午之月，皆非冬月大烝也。而後儒多引此以明祫禘
之義，將何取乎？蓋後儒多惑於《王制》犆祫、《緯書》祫禘之說，而不知起
於漢儒之附會也。

告朔

鄭玄氏曰：「禮，人君每月告朔於廟，有祭，謂之朝享。魯自文公始不視朔。」

元按：《周禮・太史》「頒告朔於邦國」，鄭《注》云：「天子頒朔於諸侯，
諸侯藏之祖廟，至朔，朝於廟，告而受行之，謂之告朔。人君即以此日聽視此
朔之政，謂之視朔。」《春秋》文公十六年，公四不視朔；僖公五年，公既視
朔，是也。視朔者，聽治此月之政，亦謂之聽朔。《玉藻》云：「諸侯皮弁，聽
朔於太廟。」是也。其日，又以禮祭於宗廟，謂之朝廟。《周禮》謂之朝享，
《司尊彝職》云追享、朝享是也。其歲首為之，則謂之朝正。襄公二十九年正
月，公在楚，《左傳》云「不朝正於廟」是也。告朔、視朔、聽朔，朝廟、朝
享、朝正，二禮各有三名，同日而為之也。每月朔之朝，必朝於廟，〔註13〕朝
廟小於告朔。文公廢其大而行其小，故《春秋》文公六年，閏月不告月，猶朝
於廟。猶者，可止之辭也。周自平王以後，政令不行，告朔禮廢，不獨魯也。
夫子作《春秋》，特書文公「四不視朔」，深致意焉。子貢欲去餼羊，其亦昧於
先王之制矣。

〔註11〕烝祫，四庫本、湖海樓本無「祫」字，據歸雲別集本、湖北叢書本、叢書集成
　　　　初編本補。
〔註12〕祠禴嘗烝，四庫本作「祀礿嘗」，據湖北叢書本、叢書集成初編本改。
〔註13〕必朝於廟，歸雲別集本作「必於廟」。

旅

朱子曰:「旅,祭名。」

元按:《尚書·禹貢》云:「蔡蒙旅平。」又云:「九山刊旅。」孔安國注云:「祭山曰旅。」又引《論語》季氏旅於泰山為徵,是以旅為祭山之名。然《周禮》「國有大故,則旅上帝」,鄭玄注云:「旅,陳也,陳其祭祀以祈焉。」是旅祭非但祭山而已。《釋文》云:「旅,眾也。」陳氏《禮書》云:「國有大故,然後旅其群神而祭之。」季氏旅泰山,豈亦徧祀群神以徼福耶?《爾雅》云:「祭山曰庪縣。」

媚奧媚竈

鄭玄氏《月令注》曰:「春祀戶,祭先脾;夏祀竈,祭先肺;中央土祀中霤,祭先心;秋祀門,祭先肝;冬祀行,祭先腎。凡祭五祀於廟,用特牲。有主有尸,皆先設席於奧焉。竈在廟門外之東。祀竈之禮,先設席於門之奧,東面。設主於竈陘,乃制肺及心肝為俎,奠於主西。又設盛於俎南,祭黍肉醴。既祭,徹俎設饌,如祀戶禮。」

孔穎達氏曰:「祭戶、祭中溜,在廟室之中,先設席於廟室之奧。若祀竈、門、行,皆在廟門外,先設席於廟門之奧,謂廟門外西室之奧也。諸侯特牛,大夫或特羊也。既三祭,移主於初設奧之筵上,乃出戶迎尸,入即席而坐。中霤之主設於廟室牖下,戶主、中霤主北向,門主、行主南向,竈主西向。」

朱子曰:「室西南隅為奧。竈者,五祀之一,夏所祭也。」

馬端臨氏曰:「《白虎通》云:『五祀者,門、戶、井、竈、中霤也。』大夫以上得祭之,士但祭先祖耳。天子、諸侯以牛,卿、大夫以羊。或曰:戶以羊,竈以雉,中霤以豚,門以犬,井以豕。或曰:中霤用牛,餘用豚,井以魚。」〔註14〕

元按:五祀見於《周禮》《禮記》《儀禮》,雜出於史傳,惟《祭法》加司命、泰厲為七祀,而《左傳》《家語》皆以五祀為重、該、修熙、黎、勾龍之五官。《月令》以五祀為戶、竈、中霤、門、行,《白虎通》及劉昭、范曄以五祀為戶、竈、中霤、門、井。〔註15〕《祭法》七祀,不見於他經,而鄭玄以七祀為周制,五祀為商制。然《周官》雖天子亦止於五祀,《儀禮》雖士亦五祀,則五祀通於上下,非獨商制也。五祀或言行,或言井。楊慎云:「井即行也。

〔註14〕井以魚,湖海樓本、湖北叢書本、叢書集成初編本作「井用魚」。
〔註15〕曄,歸雲別集本作「蔚宗」。

行者，井間道。八家同井，井有八道，八家所行也。」陳祥道云：「門、戶，人資以出入；中霤，人資以居；竈、井，人資以養。先王興此，所以報之也。」王孫賈乃云：「媚竈，媚之為言，豈先王制祭之義哉？」

食祭

邢昺氏曰：「祭，謂祭先也。敵客則先自祭，降等之客則後祭。若臣侍君而賜之食，則不祭。若賜食而君以客禮待之，則得祭。亦須君命之祭，乃敢祭也。」

朱子曰：「古人飲食，每種各出少許，置之豆間之地，以祭先代始為飲食之人，不忘本也。」

元按：《禮》，食必祭，如將田祭貉，將射祭侯，用火祭爟，用師祭禡，爨祭先炊。至於先衣、先虞、先蠶、先卜、先馬、先牧、先農、先穡之類，莫不有祭。先王制禮，莫非教也。《記》曰：「祭食，祭所先進，殽之序，徧祭之。」《周禮·春官·大祝》辨其九祭，一曰食祭，所以報本也。《玉藻》云：「祭瓜上環，祭魚尚膴，惟水漿、魚腊、涪醬、餕餘不祭。」昔叔孫穆子食慶封，慶封泛祭，工於是乎賦《茅鴟》矣。「君子無終食之間違仁」，孔子侍食於君，君祭先飯，食於季氏，則不辭。不食肉而飧者，季氏之進食失禮也。今人固有當飲食而祭者，亦古禮之遺耳。而佛氏竊傚之，又引為佛鬼之說，如《紀聞錄》所載薛直暴死事，真欺俗不經之談也。

論語類考卷十一

禮儀考第二

會同

朱子曰：「諸侯時見曰會，眾頫曰同。」

元按：《周禮・春官・大宗伯》：「以賓禮親邦國，春見曰朝，夏見曰宗，秋見曰覲，冬見曰遇，時見曰會，殷見曰同。」此六者，諸侯見王之禮。六服之內，四方以時分來，或朝春，或宗夏，或覲秋，或遇冬，更遞而徧。朝，猶朝也，欲其來之早也。宗，尊也，欲其尊王也。覲，勤也，欲其勤王之事也。遇，偶也，欲其若不期而偶至也。時見者，言無常期也。王將有征討之事，則諸侯來會，以師助討，《左傳》所謂「有事而會」是也，故謂「時見曰會」。殷，猶眾也。十二歲，王如不巡狩，則六服諸侯眾來相見，故謂「殷見曰同」。會無常期，春來即為朝，秋來即為覲，夏來即為宗，冬來即為遇也。同則有常期，春東方，夏南方，秋西方，冬北方，六服盡來。凡會、同、朝、宗、覲、遇之禮既畢，王為壇於國外，合諸侯而命焉。其相此禮者，則天子之公卿，受地視侯者也。朱子《集注》「眾頫曰同」，改殷為眾，避宋諱也。其他注皆改殷為商云。

執圭

朱子曰：「圭，諸侯命圭。聘問鄰國，則使大夫執以通信。」

許謙氏曰：「天子封諸侯，必以圭璧，辨其等數，為國之瑞信。」

元按：《周禮・大宗伯》：「以玉作六瑞，以等邦國。公執桓圭，侯執信圭，伯執躬圭，子執穀璧，男執蒲璧。」又《秋官・大行人》：「時聘以結諸侯之好。

上公之禮，執桓圭九寸，繅藉九寸；諸侯之禮，執信圭七寸，繅藉七寸。諸伯執躬圭，如諸侯之禮；諸子執穀璧五寸，繅藉五寸；諸男執蒲璧，如諸子之禮。」又《天官·典瑞》：「公執桓圭，侯執信圭，伯執躬圭，繅皆三采三就；子執穀璧，男執蒲璧，繅皆二采再就，以朝覲、宗遇、會同於王。諸侯相見，亦如之。」又《考工記注》云：「凡圭，廣二寸，厚半寸，剡上，左右瑑寸半。一云：圭博三寸，璧圓徑五寸，中孔一寸。」蓋璧內有孔，孔外為肉，其孔謂之好。故《爾雅》云：「肉倍好謂之璧，好倍肉謂之瑗，肉好若一謂之環。」《禮記》云：「諸侯以圭為瑞。」朱子所謂諸侯受封於天子，天子授之以圭為瑞節者也。《聘禮》云：「使者載旜，帥以受命於朝。君朝服南面，使卿進使者。使者入，眾介隨入。君揖使者進之，上介立於其左，接聞命。賈人啟櫝，取圭，垂繅，不起而授宰。宰執圭，屈繅，自君左授使者，使者受圭，垂繅以受命。既述命，授上介，上介受圭，屈繅，出。」又云：「上介不襲，執圭，屈繅，授賓。賓襲，執圭。公側襲，受圭於中堂與東楹之間。」蓋自我國稱使，自他國稱賓，而孔子執圭，或為使，或為上介，不可知己。晁以道謂孔子定公九年仕魯，十三年適齊，其間無朝聘往來之事，疑使擯、執圭兩條，孔子嘗言其禮當如此爾。然《鄉黨》一篇，皆弟子隨所見而記之，豈可據魯史之闕文而謂孔子無執圭聘問之事哉？

　　享禮

　　鄭玄氏曰：「享，獻也。既聘而享，用圭璧，有庭實。」

　　朱子曰：「行聘禮畢，而後行享禮。聘是以命圭通信，獻而仍還之。享是獻其圭、璧、琮、璜，非命圭也。皮、幣、輿、馬之類，皆拜跪以獻，退而又以物獻其卿大夫，皆受而不還，但有物酬之耳。」

　　元按：《聘禮》云：「賓裼，奉束帛加璧享，庭實，皮則攝之。」又云：「聘於夫人用璋，享用琮。若有言，則以束帛。」又《覲禮》云：「侯氏取圭，升致命，降階拜。擯者延之升，拜，乃出。四享，皆束帛加璧，〔註1〕庭實唯國所有。」《禮器》云：「大饗其王事，三牲魚腊，四海九州之美味也。籩豆之薦，四時之和氣也。納金，示和也。束帛加璧，尊德也。龜為前列，先知也。金次之，見情也。丹漆、絲纊、竹箭，與眾共財也。其餘無常貨，各以其國之所有，則致遠物也。」《郊特牲》云：「旅幣無方，所以別土地之宜，而節遠邇之期也。

〔註1〕璧，四庫本無，據叢書集成初編本補。

龜為前列，先知也。以鍾次之，以和居參之也。虎豹之皮，示服猛也。束帛加璧，往德也。」又《周禮・小行人》云：「合六幣，圭以馬，璋以皮，璧以帛，琮以錦，琥以繡，璜以黼。此六物者，以和諸侯之好。」《注》云：「五等諸侯享天子用璧，享后用琮，其大各如其瑞。」若諸侯自相享，則各降一等。謂上公用璧琮，而子、男則用琥璜。上公八寸，侯、伯六寸，子、男四寸。使卿大夫俯聘之享禮亦如之。夫魯本侯爵，而孔子為使以聘鄰國，其享禮當束帛而加以六寸之璧爾。

私覿

朱子曰：「私覿，以私禮見也。」

元按：《聘禮》云：「擯者出，賓告事畢，賓奉束錦以請覿。」《注》云：「覿，見也。公事畢而請覿，是欲交其歡敬。不用羔者，因使而見，非特來也。」蓋諸侯相朝，其臣從君，亦得執羔。為君聘，則不執羔。故哀公八年，公會晉侯於瓦。《左傳》云：「范獻子執羔，趙簡子、中行文子皆執雁。」是從君以覿他國君之禮也。若因聘而覿，則惟束錦而已。又《郊特牲》云：「為人臣者無外交。」《注》云：「外交，謂私覿也。」蓋為君之介而行私覿，是外交。若為聘，則得私覿，非外交矣。

沐浴而朝

朱子曰：「孔子致仕居魯，沐浴齋戒以告君，重其事而不敢忽也。」

元按：《玉藻》云：「沐稷而靧粱。」孔穎達《疏》云：「沐，沐髮也。靧，洗面也。取稷粱之湯汁以洗沐，滑故也。」《玉藻》又云：「浴用二巾，上絺下綌。出杅，履蒯席，連用湯。」《疏》云：「絺綌，刷去垢也。杅，浴器也。出杅者，浴竟而出也。履蒯席者，踐蒯草之席也。連用湯者，連去足垢而用蘭湯也。」此沐浴之禮，卿大夫適朝之常也。《玉藻》又云：「將適公所，宿齋戒，居外寢，沐浴。」此則卿大夫不常行之禮，孔子沐浴而朝是也。《左傳》云：「孔丘三日齋而請伐齊。」夫齋必沐浴，三日齋而請，則沐浴可知。

射讓

孔安國氏曰：「射於堂，升及下皆揖讓而相飲。」

元按：孔、邢注疏以「揖讓而升下」為句，朱子則以「揖讓而升」為句。射有三，大射、賓射、燕射，天子、諸侯、卿、大夫皆有之。士無大射，而有賓射、燕射。大射為祭祀射。王將有郊廟之事，擇諸侯、群臣與邦國所貢之士，

諸侯則擇其臣，大夫擇邑宰、家臣。凡射中者得與於祭，不中者不得與於祭。與祭多者則有慶，慶以地；不與祭多者則有讓，削其地。故君子必習於射，射必有耦。凡耦各服其所宜服，袒決遂而立堂下阼階之東南隅，西面。射時，耦同出次，西面揖，旋轉當阼階，北面揖，行至階下，北面揖，然後升堂。南面，當序而立於物以射，所謂耦進，三揖而後升堂也。射者各發四矢，以較勝負，一揖而復位。俟眾耦升射畢，司射命設豐於西楹之西，勝者之子弟洗觶酌酒，奠於豐上。勝者乃揖，不勝者升堂，三揖，至階，勝者先升堂，少右。不勝者至豐，北面坐，取觶，立飲，興，揖，不勝者先降。凡飲酒，賓主勸酬，必拜以送爵。今不勝者自飲，而無送爵勸飲之意，以是為罰也。

主皮

朱子曰：「皮，革也。布侯而棲革於其中以為的，所謂鵠也。」

元按：《考工記》云：「梓人為侯，廣與崇方，參分其廣，而鵠居一焉。」鄭玄云：「侯中丈八尺者，鵠方六尺。侯中丈四尺者，鵠方四尺六寸大半寸。侯中一丈者，鵠方三尺三寸少半寸。謂之鵠者，取名於鳱鵠。鳱，小鳥而難中，是以中之為俊，故謂之鵠。」鵠，的也。凡射必有的，總名為侯。天子中之，以服諸侯；諸侯中之，得為諸侯，故曰侯也。射有三，大射之侯，棲皮為鵠；賓射、燕射之侯，畫布為正。天子虎、熊、豹三侯，諸侯熊、豹二侯，大夫麋侯，士豻侯。凡侯皆以布為之，其形必方。其外一分，以其名之皮飾之，如虎侯虎皮、豹侯豹皮也。其中三分之一，又以其皮綴於其中，為射之的，故曰棲皮為鵠。賓射之侯，外亦用皮飾，其中三分之一，則用彩畫，謂之正。天子五正，朱、白、蒼、黃、玄；諸侯三正，朱、白、蒼；大夫、士二正，朱、綠。燕射之侯，外亦用皮飾，其中三分之一，天子則白質而畫其獸首，諸侯則丹質而畫其獸首，大夫、士則不以采為質，止於布畫之，故曰畫布為正。凡侯道，虎九十弓，熊七十弓，豹、麋五十弓。侯中之大小，取數於侯道。九十弓者，侯中廣丈八尺；七十弓者，侯中廣丈四尺；五十弓者，侯中廣一丈，尊卑異等也。鄭眾云：「方十尺曰侯，四尺曰鵠，二尺曰正，四寸曰質。」是鵠與正不同度矣。正為布而鵠為皮。射不主皮者，馬融、邢昺謂射有五善，不但以中皮為善，亦兼取禮樂容節也。朱子引《樂記》貫革之射，然貫革與主皮不同。《周禮・卿大夫》：「以鄉射之禮五物詢眾庶，一曰和，二曰容，三曰主皮，四曰和容，五曰興武。」《注》云：「庶民無射禮，因田獵分禽，則有主皮。主皮者，張皮射之，無侯也。」而軍旅之射，又有貫革之式。《樂記》所謂貫革，謂軍

旅之射也。《周禮》所謂主皮，謂田獵之射也。《儀禮・鄉射禮》云：「天子熊侯，白質。諸侯糜侯，赤質。大夫布侯，畫以虎豹。士布侯，畫以鹿豕。禮射不主皮。主皮之射，勝者又射，不勝者降。」《注》云：「禮射，謂禮樂射也，大射、賓射、燕射是已。」主皮者無侯，張獸皮而射之，主於獲也。《尚書大傳》云：「戰鬭不可不習，故於搜狩以習之。凡祭，取餘獲陳於澤宮。卿大夫相與為射，中者，嚮雖不中，亦取。不中者，嚮雖中，亦不取。嚮之取於囿中者，勇力之取。今之取於澤宮者，揖讓之取也。澤宮之射，非但行禮，又主於中。」此主皮之射，而禮射則不主皮也。

同姓

孔融氏曰：「魯、吳皆姬姓。禮，同姓不婚，而君取之，當稱吳姬，諱曰孟子。」

馮椅氏曰：「古者男子稱氏，辨其族也；女子稱姓，厚其別也。故制字姓從女。」

元按：《曲禮》云：「取妻不取同姓。」《大傳》云：「繫之以姓而弗別，綴之以氏而弗殊，雖百世而昏姻不通者，〔註2〕周道然也。」魯昭公時，吳國強大，齊尚出涕而女之，況於弱魯，寧不藉其勢乎？不曰孟姬，而曰孟子，昭公亦自知其非矣。見《人物考》。

論語類考卷十一

〔註2〕昏，叢書集成初編本作「婚」。

論語類考卷十二

禮儀考第三

瑚璉〔註1〕

包咸氏曰：「瑚璉，黍稷之器。夏曰瑚，殷曰璉。」

元按：《明堂位》曰：「有虞氏之兩敦，夏后氏之四璉，殷之六瑚，周之八簋。」《注》云：「皆黍稷器，制之異同未聞。」夫《記》謂夏璉殷瑚，而包、鄭注《論語》，伏、杜注《左傳》，皆謂夏瑚殷璉，蓋相沿而誤也。朱子《集注》「夏曰瑚，商曰璉」，亦因舊注之誤而未考耳。

籩豆

包咸氏曰：「籩、豆，禮器。」

朱子曰：「籩，竹豆。豆，木豆。」

元按：《周禮·籩人》「掌四籩之實」，《醢人》「掌四豆之實」，《注》云：「籩，竹器如豆者，其容實皆四升。」《爾雅》云：「木豆謂之豆，竹豆謂之籩。」其四籩之實，謂朝事之籩、饋食之籩、加籩之實、羞籩之實也。其四豆之實，謂朝事之豆、饋食之豆、加豆之實、羞豆之實也。《儀禮·特牲》《少牢》云：「士二籩二豆，大夫四籩四豆，諸侯宜六，天子宜八。」《郊特牲疏》云：「上公豆四十，侯、伯三十二，子、男二十四。」《禮器》云：「天子之豆二十有六，諸公十六，諸侯十二，上大夫八，下大夫六。」《樂記》云：「鋪筵席，陳尊俎，列籩豆，以升降為禮者，禮之末節也，故有司掌之。」此即曾子所謂「有司存」之意。

〔註1〕璉，湖北叢書本、叢書集成初編本作「連」，下同，不出校。

俎豆

孔融氏曰：「俎豆，禮器。」

元按：《明堂位》云：「俎，有虞氏以梡，夏后氏以嶡，殷以椇，周以房俎。」《注》云：「房，謂足下附也。上下兩間，有似於堂房。」《魯頌》云：「籩豆大房。」《周語》云：「郊禘有全烝，王公有房烝，親戚燕饗有殽烝。」《明堂位》云：「夏后氏以楬豆，殷玉豆，周獻豆。」《注》云：「楬，無異物之飾。獻，疏刻之也。」是知周俎稱房者，象其形；周豆稱獻者，取其刻畫之文也。然孔子所謂俎豆之事，則非器數之末而已。

束脩

朱子曰：「脩，脯也。十脡為束。古者相見，必執贄以為禮。束脩，其至薄者。」

元按：《周禮·膳夫》「掌肉脩之頒賜」，鄭玄注云：「脩，脯也。」賈公彥云：「加薑桂鍛治者謂之脩；不加薑桂，以鹽乾之者謂之脯。」是脯、脩異矣。《檀弓》云：「束脩之問不出境。」《少儀》云：「其以乘壺酒束脩一犬賜人。」《穀梁傳》云：「束脩之問不行境中。」是古禮亦以束脩為贄，非但婦人贄用脯脩而已，但比羔雁雉鶩之禮為輕，故先儒以為至薄也。然傳記所謂束脩，皆泛交之辭，非專指弟子見先生之禮。惟《大唐六典》云：「國子生初入，置束帛一篚、酒一壺、脩一案，為束脩之禮。」杜佑《通典》云：「唐開元禮，有皇太子束脩、國學生束脩、州縣學生束脩。皇太子束脩：束帛一篚，凡五匹；酒一壺，凡二斗；脩一案，凡二脡。州縣學生：束帛一篚，凡一匹；酒一壺，凡二斗；脩一案，凡五脡。」而十脡為束之說，古今蓋不相通焉。

反坫

鄭玄氏曰：「反坫，反爵之坫，在兩楹之間。若與鄰國為好會，其獻酬之禮，更酌，酌畢，則各反爵於其上。」

元按：鄭玄《注》以坫為主賓獻酬反爵之處。《雜記》云：「管仲鏤簋而朱紘，〔註2〕旅樹而反坫。」《郊特牲》云：「臺門而旅樹，反坫。」《明堂位》云：「反坫出尊，崇坫康圭。」玄皆注云：〔註3〕「反坫，反爵之坫也。」又《內

〔註2〕紘，湖海樓本、湖北叢書本、叢書集成初編本作「絋」。
〔註3〕玄皆注云，道光歸雲別集本作「疏屏注云」。

則》云：「士於坫一。」孔穎達《疏》云：〔註4〕「士卑，不得作閣，但於室中作土坫庋食也。」又《士虞禮》云：「苴茅束之，實於篚，饌於西坫上。」又《既夕》云：「設棜於東堂下，南順，齊於坫。」又《士冠禮》云：「爵弁、皮弁、緇布冠各一匴，執以待於西坫南。」而玄於《內則》《士虞禮》《既夕篇》之坫，俱無所注，惟於《士冠禮》之坫，則注云「坫在堂角」，豈非反爵之坫有難盡通者乎？坫字從土，凡累土而為之者，皆可名坫，而坫亦有高卑東西之不同，非專為反爵設也。〔註5〕《爾雅》云：「垝謂之坫。」郭璞《注》云：「在堂隅坫端也。」邢昺《疏》云：「坫者，堂角，堂之東南角為東坫，西南角為西坫也。」然鄭注「反爵之坫」，則因兩君之好為飲酒故耳。本文謂「坫之反」，而《注》謂「爵之反」，其義有礙。《汲冢周書》云：「乃立五宮，咸有四阿反坫。」《注》云：「反坫，外向室也。」黃東發亦云：「反者，向外之名。坫者，別設大門屏之名。」然則「為兩君之好有反坫」者，蓋欲容其儀衛之眾，〔註6〕而為此向外之室耳。據《特牲》以反坫與臺門相聯，《汲冢書》以反坫與四阿相聯，《論語》以反坫與樹塞門相聯，恐均為宮室僭侈之事。

諒陰

孔安國氏曰：「諒，信。陰，猶默也。」

朱子曰：「諒陰，天子居喪之名，未詳其義。」

吳程氏曰：「諒陰，《禮記》作『諒闇』。鄭氏讀為梁庵，謂既葬而柱楣，前不及未葬之倚廬，後不及既練之堊室，而遂以梁庵總該三年，亦不通矣。」

許謙氏曰：「諒陰，天子居喪之名，《禮》又作『梁闇』。凡居父母之喪，次在中門外東牆之下。大夫士居倚廬，謂以兩木斜倚於牆外，被以茅茨，寢苫枕塊，常處此中。諸侯亦為倚廬，而加以圍幛。天子則立柱，前有梁，形稍如屋楣，故曰梁闇。」

元按：孔氏以陰為默，默者，不言之謂。然「諒陰」之下又云「三年不言」，則語意重複矣。《尚書》「諒」作「亮」，《說命篇》云：「王宅憂，亮陰三祀。」《無逸篇》云：「乃或亮陰，三年不言。」《禮記》「陰」作「闇」，《喪服四制篇》云：「高宗諒闇，三年不言。」鄭《注》云：「諒，古作梁。楣謂之梁。暗，

〔註4〕穎，四庫本、道光歸雲別集本、湖海樓本皆作「彥」，據湖北叢書本、叢書集成初編本改。

〔註5〕設，四庫本作「說」，據諸本改。

〔註6〕衛，道光歸雲別集本作「微」。

廬也。廬有梁者，所以柱楣也。」又《儀禮・喪服篇》云：「居倚廬，寢苫枕塊。既虞，翦屏柱楣。既練，舍外寢。」鄭《注》云：「楣謂之梁。柱楣，所謂梁闇也。」賈《疏》云：「柱楣者，前梁謂之楣，楣下豎柱施梁，乃夾戶旁之屏也。」又《禮記・喪大記篇》云：「父母之喪，居倚廬，不塗。君為廬，宮之，大夫士襢之。既葬，柱楣塗廬，不於顯者，君大夫士皆宮之。凡非適子，自未葬，以隱者為廬。」鄭《注》云：「宮，謂圍幃之也。隱者，謂不欲人屬目。」蓋廬於東南角也。天子、諸侯之居廬，當在未葬之前，諒闇則在既虞之後，滕文公「五月居廬」是也。又《晉書》云：「武帝泰始四年，皇太后崩，有司奏前代故事，倚廬中施白縑帳蓐素床。至十年，元皇后崩，依漢魏舊制，既葬，帝及群臣皆除服。詔群臣議皇太子亦應除否，於是盧欽、魏舒、杜預等以古之諒闇三年，乃除服，心喪三年。天子居喪齋斬之制，既葬而除，降服而諒闇以終制。」於是皇太子遂除衰麻，而諒闇終喪，是以諒闇為心喪三年也。是時羊祜、傅玄、摯虞、范宣等皆議古禮天子服喪三年，非心喪三年，蓋合孔子通喪之說，惜乎晉主不從焉。

臨喪

馮猗氏曰：「臨喪，謂臨他人之喪。」

元按：臨當讀作去聲。《韻書》云：「眾大哭曰臨。」《禮記》云：「臨喪則必有哀。」《周禮》云：「王弔臨。」《注》云：「以尊適卑曰臨。」然歷代喪禮有舉臨之制，以卑適尊亦曰臨，不知稱自何時也。

大葬

孔安國氏曰：「君臣禮葬。」

元按：《周禮・春官・冢人》：「掌公墓之地，辨其兆域而為之圖，以爵等為丘封之度與其樹數。」《注》云：「別尊卑也。」又曰：「大喪既有日，請度甫竁。」《注》云：「既有日，既有葬日也。」蓋自卿大夫以上之喪，謂之大喪，則其葬亦謂之大葬。孔子嘗為司寇大夫之官，既去位，無家臣，則不得大葬也。

禱

朱子曰：「禱者，悔過遷善，以祈神之佑也。」

元按：《周禮》小宗伯之禱祠，都宗人、家宗人之禱祠，皆為國有大故大災，非為疾病也。惟女祝掌內祭祀禱祠之事，以時招梗禬禳，以除疾殃。男巫，

春招弭以除疾病。〔註7〕而《儀禮》亦云：「疾病，乃行禱於五祀。」子路請禱，而孔子拒之者，恐人馳情於溟漠之中，所以建人極也。故晉侯有疾，卜者謂祟也，而子產責之君身。齊侯疥痁，祝史將誅也，而晏子勸其修德。楚昭王有疾，不祭河也，而孔子歎其知道。豈無故哉？《莊子》云：「孔子病，子貢出卜。孔子曰：『汝待也。吾坐席不敢先，居處若齊，飲食若祭，吾卜之久矣。』」觀聖人之所謂卜，則知聖人之所謂禱也。子路問事鬼神，其請禱也固宜。

誄

孔融氏曰：「誄、禱，篇名。」

元按：《古論語》「誄」作「讄」。《說文》云：「累其事以求福也。」《周禮·大祝》：「掌六祝之辭以事鬼神祇，一曰順祝，二曰年祝，三曰吉祝，四曰化祝，五曰瑞祝，六曰策祝。掌六祈以同鬼神祇，一曰類，二曰造，三曰禬，四曰禜，五曰攻，六曰說。」其稱「誄曰」者，必祈禱之書，如大祝所掌六祝、六祈之辭，而子路引之以證有禱之禮也。《集注》以誄為哀死之辭，饒魯以誄為祭文之類，謬矣。

舞雩

元按：雩祭名有二義，一祈穀，一因旱也。《春秋》書「大雩」「又雩」，《周禮·司巫》「帥巫而舞雩」，此因旱而雩也。《左傳》謂「龍見而雩」，《詩序》謂「春夏祈穀而雩上帝」。龍者，東方七宿，其形如龍。建巳之月，龍星始見。天子乃雩祀五精帝，配以五人帝。諸侯則雩祀百辟卿士之有益於民者，以祈穀實。〔註8〕蓋聖人愛民心切，故為百穀祀帝，祈膏雨也。《周禮·小宗伯》「兆五帝於四郊」，鄭玄《注》云：「夏雩總祭五帝。」是也。魯之舞雩在城南，故魯以南門為雩門。鄭玄謂雩壇在南郊之旁，蓋有所據。《春秋緯考異》云：〔註9〕「雩者，呼嗟求雨之名。」《月令》云：「大雩用盛樂。」故雩而舞者，樂之容也。《周禮》舞旱暵則用皇舞，謂染鳥羽五采，象鳳凰之羽，以為舞也。《周禮·女巫》旱暵則舞雩，乃女巫執皇而舞也。蓋女與皇皆陰類，舞所以達陽中之陰。董仲舒祈雨之術，閉南門，縱北門，或亦古者達陰之意也。漢承秦焚之後，雩禮已廢，而漢舊儀所稱雩壇，惟指龜山沂水為言，豈魯之雩

〔註7〕疾病，道光歸雲別集本作「病疾」。

〔註8〕祈，四庫本、湖海樓本作「祀」，據道光歸雲別集本、湖北叢書本、叢書集成初編本改。

〔註9〕春秋緯考異，叢書集成初編本作「春秋緯考異郵」。

壇至漢尚存，嘗即其地舉雩祀耶？夫古之雩帝必升煙，而梁之雩則謂火不可以祈水，而為坎以瘞；陽方不可以求陰，〔註10〕而移壇於東。古之雩樂，以舞為盛，而齊之雩則尚謳歌而已，非古制也。賈公彥釋《周禮·司巫》帥巫舞雩之說，乃謂帥女巫兼男巫舞也，且引曾點「童子六七人，冠者五六人」為證，謂舞人必有童冠，是以點為司巫矣，可詫哉！

儺

朱子曰：「儺，所以逐疫。」

元按：「儺」作「難」。《周禮·夏官·方相氏》：「掌蒙熊皮，黃金四目，玄衣朱裳，執戈揚盾，帥百隸而時難，以索室驅疫。」《月令》云：「季春，命國難，九門磔攘，以畢春氣。」《注》云：「此難，難陰氣也。陰氣右行，此月建辰，日曆大梁昴宿，有大陵積尸之氣。」《禮》曰「季春出疫於郊，以攘春氣」是也。此難天子、諸侯得為之。《月令》又云：「仲秋，天子乃難，以達秋氣。」《注》云：「此難，難陽氣也。陽氣左行，此月建酉，宿直昴畢，日至壽星之次，與大梁合，故亦動大陵積尸之氣。」《禮》曰「仲秋，九門磔攘，以發陳氣，禦止疾疫」是也。此難惟天子得為之。《月令》又云：「季冬，命有司大難，旁磔，出土牛以送寒氣。」《注》云：「此難，難陰氣也。此月日曆虛危，有墳墓四司之氣。謂之大難者，下及民庶皆得難也。」所謂「鄉人儺」者，蓋在此月耳。

論語類考卷十二

〔註10〕陽，道光歸雲別集本作「南」。

論語類考卷十三

樂制考

八佾

馬融氏曰：「佾，列也。天子八佾，諸侯六，卿大夫四，士二。八人為列，八八六十四人。魯以周公故，受王者禮樂，有八佾之舞。季桓子僭舞於家廟，故孔子譏之。」

服虔氏曰：「每佾八人，天子用八，為八八六十四人；諸侯用六，為六八四十八人；大夫用四，為四八三十二人；士用二，為二八一十六人。」

元按：《左傳》隱公問羽數於眾仲，對曰：「天子用八，諸侯用六，大夫四，士二。夫舞，所以節八音而行八風，故自八以降。」服虔云：「每佾八人，自上及下，行皆八人也。」何休、杜預、孔穎達注《春秋》，皆云惟天子得盡物數，故以八為列。諸侯則不敢用八，故六六三十六。大夫為四四十六人。士為二二，乃四人。蓋以舞勢宜方，行列既減，則每行人數亦宜減也。且以服虔為非。而孔融、邢昺解《論語》，亦同何休、杜預之說。朱子《集注》並引前二說，〔註1〕曰「未詳孰是」。以愚論之，舞者，所以節八音也。八音克諧，然後成樂，故樂必以八音為列。自天子至士，〔註2〕降殺以兩。兩者，減其二列耳。若每列遞減，至士止餘四人，則八音不具，豈復成樂？襄公十一年，鄭伯賂晉悼公女樂二八，晉以一八賜魏絳。此樂以八人為列之證也。《禮記·祭統》云：「八佾以舞《大夏》。」又子家駒對昭公云：「八佾以舞《大武》。」夫《大夏》，

〔註1〕引，湖海樓本、湖北叢書本、叢書集成初編本作「行」。
〔註2〕自天子至士，道光歸雲別集本作「自天子至於士」。

文舞也;《大武》,武舞也。舞之大概,不外文武二端而已。《商頌》「萬舞有奕」,《衛風》「公庭萬舞」,《魯頌》「萬舞洋洋」,《春秋》宣公八年,「萬入,去籥」,《左傳》「考仲子之宮,將萬焉」。呂祖謙云:「萬者,文武二舞之總名也。」干舞,武舞之別名;籥舞,文舞之別名。文舞又謂之羽舞。《周禮・樂師》「掌帗舞、羽舞、皇舞、旄舞、干舞、人舞」。蓋古之祭祀,備樂必備舞。鄭眾云:「社稷以帗,宗廟以羽,四方以皇,辟雍以旄,兵事以干,星辰以人。」鄭玄云:「四方以羽,宗廟以人,山川以干,旱暵以皇。」二說不同。然舞於季氏之庭者,或用羽舞耳。考仲子之宮,惟問羽數,是知祭廟以羽也。

雍徹

朱子曰:「雍,《周頌》篇名。徹,祭畢而收其俎也。天子宗廟之祭,則歌雍以徹,是時三家僭而用之。」

元按:《周禮・樂師》云:「及徹,帥學士而歌徹。」鄭玄《注》云:「徹者歌雍。」賈公彥《疏》云:「樂師及徹祭器之時,帥學士而歌徹。」但學士主舞,瞽人主歌,及徹之時,歌舞俱在,帥學士使之舞,瞽人使之歌雍詩也。其徹者,則主宰君婦耳。魯用天子禮樂,以雍徹,三家因而僭之。三家皆桓公之後,自立桓廟,祭用天子禮樂,而以雍徹也。《儀禮・有司徹》注云:「徹其室中之饋及祝佐食之俎。」

韶舞

孔安國氏曰:「韶舞,樂名。」

元按:《樂記》云:「韶,繼也。」言舜之道德繼紹於堯也。《尚書》云:「簫韶九成。」《左傳》云:「吳季札見舞箾韶。」《周禮・大司樂》云:「舞大磬以祀四望。」又云:「九磬之舞。」舞者,容也,音在其中矣。磬與韶同。

聞韶

元按:《漢書・禮樂志》云:「春秋時,陳公子完犇齊。陳,舜之後,韶樂存焉,故孔子適齊聞韶。」《路史》亦云:「陳宣公殺其太子御寇,而敬仲奔齊,致陳樂,是以孔子在齊而聞韶。」然《史記・世家》無陳完以韶樂犇齊之語,朱子亦謂此無所據,故《集注》不取焉。蓋齊之有韶,非敬仲所能致,敬仲亡,公子豈能以韶樂犇齊哉?古者天子賜諸侯樂,安知非周王賜太公也?魯亦有韶箾,孔子不於魯聞之者,是時孔子年三十五,魯亂適齊,而偶聞於齊也。其後晚年歸魯,而正魯樂,豈非韶之遺音在齊,而孔子能傳之也哉?《儀禮通解》

云：「孔子至齊郭門之外，遇嬰兒挈壺方行，其視精，其心正，其行端。孔子謂御曰：『趣驅之。』韶樂方作。孔子至彼而聞韶，學之三月，不知肉味。」朱子謂此說差異，亦有此理。孔子曰：「韶者，舜之遺音也。溫潤以和，如南風之至，其為音如寒暑、風雨之動物。」或云：「子在齊聞韶音」，「三月」字，其音字之誤與？

武

孔安國氏曰：「武，武王樂也。」

邢昺氏曰：「武王用武除暴，為天下所樂，故謂其樂為《武》樂。」

元按：《元命苞》云：「文王時，民樂其興師征伐，故曰《武》。」又《詩》云：〔註3〕「文王受命，有此武功。」如是，則《武》為文王樂名，而云武王樂者，文王武功未畢，至武王始成武功，〔註4〕故周公作樂，以《武》為武王樂也。《春秋傳》云：「止戈為武。」戈則器也，所以示事；止則象也，所以示志。《記》云：「《武》，始而北出，〔註5〕再成滅商，三成而南，四成而南國是疆，五成而分周公左、召公右，〔註6〕六成復綴，以崇天子。」據此，則《武》樂止於六成而已。

成

朱子曰：「成，樂之一終也。」

元按：孔安國云：「成，樂曲終也。每曲一終，必變更奏，故《書》言『九成』，《傳》言『九奏』，《周禮》言『九變』，其實一也。」《樂記》謂「武樂六成」，而陳氏《樂書》即云「文樂九成，武樂六成」，愚竊疑之。蓋六成乃樂之小成，而九成其大成也。以黃鍾為宮，無射為商，夷則為角，仲呂為徵，夾鍾為羽，皆以黃鍾起調，黃鍾畢曲，而和之以大呂，是為一成。以太簇為宮，〔註7〕黃鍾為商，無射為角，林鍾為徵，仲呂為羽，皆以太簇起調，太簇畢曲，而和之以應鍾，是為二成。又奏姑洗之宮，至林鍾之羽，而和之南呂，是為三成。又奏蕤賓之宮，至南呂之羽，而和之以林鍾，是為四成。又奏夷則之宮，至應鍾之羽，而和之以仲呂，是為五成。又奏無射之宮，至大呂之羽，而和之以夾

〔註3〕又，道光歸雲別集本無。

〔註4〕始成武功，道光歸雲別集本作「始成武功焉」。

〔註5〕北，四庫本作「比」，據諸本改。

〔註6〕分，道光歸雲別集本作「分」。

〔註7〕簇，四庫本作「蔟」，據諸本改。下同，不出校。

鍾，是為六成。又奏夾鍾之宮，至姑洗之羽，而舞之以雲門，是為七成。又奏林鍾之宮，至南呂之羽，而舞之以咸池，是為八成。又奏黃鍾之宮，至應鍾之羽，而舞之以九韶，是為九成。蓋九變而復返於黃鍾之宮，故為樂之大成也。

亂

朱子曰：「亂，樂之卒章也。《史記》曰：『《關雎》之亂，以為《風》始。』孔子自衛反魯而正樂，適師摯在官之初，〔註8〕故樂之美盛如此。」

元按：《魯語》閔馬父云：「昔正考父校商之名頌十二篇於周大師，以《那》為首。其輯之亂曰：『自古在昔，先民有作。溫恭朝夕，執事有恪。』」韋昭氏云：「凡作，篇章既成，撮其大要，以為亂辭。詩者，歌也，所以節舞，曲終乃變章亂節，故謂之亂。」許謙氏云：「亂有二義，篇章既成，撮其大要為亂，是以辭言也；曲終變章亂節，是以音言也。」《樂記》云：「再始以著往，復亂以飭歸。」又云：「始奏以文，復亂以武。」此則謂金聲之亂，非歌聲之亂矣。

絃歌

朱子曰：「弦，琴瑟也。」

元按：《周禮》瞽矇掌絃歌，《爾雅》云：「徒歌曰謠。」蓋古人不徒歌，必合琴瑟而後謂之歌，口舉其辭而琴瑟以詠之，猶作樂者升歌而有琴瑟從之也。《記》云：「無故不徹琴瑟。」故知子與人歌而善，必有琴瑟以和聲，其警孺悲，必取瑟而歌，此古人所以不徒歌也。

鐘鼓〔註9〕

胡祖義氏曰：「鐘，金聲。鼓，革聲。樂器之大者也。」

元按：《世本》云：「黃帝命垂造鐘。」《呂氏春秋》云：「黃帝命伶倫鑄十二鐘。」《禮記》云：「垂之鐘。」蓋垂為堯時鐘工，而《山海經》則以炎帝之孫鼓延始為鐘。鐘制載於《考工記》者甚詳。鐘體之別五，有銑，有於，有鼓，有鉦，有舞。鐘柄之名二，有甬，有衡。鐘縣謂之旋，旋蟲謂之幹，鐘帶謂之篆，篆間謂之枚，枚謂之景，於上之攠謂之隧。先王之制鐘也，大不出鈞，重不過石。有十二辰之鐘，以應十二月之律。十二辰之鐘，大鐘也。大鐘特縣，非特縣者，編鐘也。虞、夏之時，小鐘謂之鐘，大鐘謂之鏞。《書》云「笙鏞以間」，《詩》云「鼛鼓維鏞」，「鏞鼓有斁」，《注》云：「鏞，大鐘。」是也。

〔註8〕在，湖海樓本、湖北叢書本、叢書集成初編本作「任」。
〔註9〕鐘，四庫本無，據諸本補。

周之時，大鐘謂之鏞，小鐘謂之鎛，鎛即編鐘，又謂之歌鐘。伶州鳩云：「大鈞有鎛無鐘，鳴其細也；細鈞有鐘無鎛，昭其大也。」是鐘為大器，鎛為小鐘。而《周禮‧鎛師》注云「鎛如鐘而大」，謬矣。鼓之制，蓋始於伊耆氏，及少昊、高辛、帝堯。而有虞氏謂之搏拊；夏后氏加足，謂之足鼓；商人貫之以柱，謂之楹鼓；周人縣而擊之，謂之縣鼓。《禮》云：「縣鼓在西，應鼓在東。」《詩》云：「應棘縣鼓。」〔註10〕則縣鼓周人所造也。以應鼓為和終之樂，則縣鼓為倡始之鼓。蓋宮縣設之四隅，軒縣設之三隅，判縣設之東西。西北隅之鼓，合應鐘、黃鐘、大呂之聲；東北隅之鼓，合太簇、夾鐘、姑洗之聲；東南隅之鼓，合仲呂、蕤賓、林鐘之聲；西南隅之鼓，合夷則、南呂、無射之聲。《考工記》云：「鼓大而短，則其聲疾而短聞；鼓小而長，則其聲舒而遠聞。」言鼓之難為良也。夫樂器多矣，而孔子惟舉鐘鼓者，孟子云：「金聲也者，始條理者也。」《樂記》云：「會守拊鼓。」荀卿云：〔註11〕「鼓為眾聲之君。」是鐘鼓皆樂器之首也。鐘聲鏗，鏗以立號；鼓鼙之聲歡，歡以立動。《周禮‧春官》樂師以鐘鼓為節，鐘師以鐘鼓奏《九夏》，〔註12〕《地官》鼓人掌六鼓四金之音聲，是鐘鼓交相為用，故作樂者首稱鐘鼓云。

鼗鼓

朱子曰：「鼗，小鼓，兩旁有耳，持其柄而搖之，則旁耳還自擊。」

元按：《韻書》：「鼗，一作鞀，又作鞉。」陳氏《樂書》云：「鼓以節之，鼗以兆之。」蓋八音兆於革音，而鼗以兆其節奏也。《月令》云：「修鞉鞞。」《世紀》云：「帝嚳命垂作鞉鞞。」蓋大者謂之鞞，鞞一作鼙。《爾雅》謂之麻，以其音概而長也。小者謂之鞉，鞉即鼗也。《爾雅》謂之料，以其音清而不亂也。鼓則擊而不播，〔註13〕鼗則播而不擊。然作樂有鼓必有鼗，故《周禮‧大司樂》有雷鼓、雷鼗、靈鼓、靈鼗、路鼓、路鼗，鄭玄《注》云：「雷鼓、雷鼗皆八面，工十六人。乃以二人直一面，左播鞉，右擊鼓也。靈鼓、靈鞉六面，工十二人。路鼓、路鼗四面，工八人。」所謂鼓方叔、播鼗武者，豈非方叔掌擊鼓之工，而武掌播鼗之工乎？《商頌》云：「置我鞀鼓。」則鞀與鼓同置，似無擊、播之異。《鶡子》云：「禹之治天下也，縣五聲以聽，曰：語寡人以

〔註10〕棘，道光歸雲別集本作「田」。
〔註11〕卿，湖海樓本作「鄉」。
〔註12〕奏九夏，湖海樓本、湖北叢書本作「九奏夏」。
〔註13〕播，叢書集成初編本作「搖」。

訟獄者揮。」《呂氏春秋》云：「武王有誠謹之鼗。」而堂下之樂必先鼗鼓者，即《樂記》所謂先鼓以警誡之意也。鼓人救日月，冥氏攻猛獸，司馬行軍，皆用鼓而不用鼗。其賜子男之樂，則以鼗將之，而不用鼓。惟作樂，則鼗、鼓皆備也。

磬

朱子曰：「磬，樂器。」

元按：磬製，或謂黃帝使伶倫為之，或謂堯母勾氏為之，或謂叔為之。《明堂位》云：「叔之離磬。」離磬，特縣之磬，非特縣者，未必不始于伶倫、勾氏也。《山海經》云：「少華山之陰，鳥危山之陽，嵩山涇水之中，皆多磬。子擊磬於衛。」金履祥云：「磬，編磬也，以玉為之。夫磬有石有玉，玉磬，球也。《書》言鳴球，又言天球在東序，《詩》言大球、小球，是也。」若編磬，則編小磬十有二，以應十二律。或以石為之，不必玉也。編磬又謂之頌磬，《儀禮》云「鼗倚於頌磬，西紘」，是也。孔子學琴於襄，豈亦曾學擊磬於襄也耶？

瑟

元按：《世本》云：「瑟，潔也。使人精潔於心，淳一於行也。」《路史》云：「朱襄氏使士達作五弦之瑟，名為來陰。」又云：「伏羲組桑為三十六弦之瑟。」《通曆》云：「伏羲瑟二十五弦。」《漢·郊祀志》云：「伏羲瑟五十弦，黃帝使素女鼓之，哀不自勝，因破為二十五弦。」《補史記》云：「神農作五弦之瑟。」《樂書》云：「瞽瞍之瑟十五弦，舜益之為二十五弦。」竊謂樂音不過乎五，故五弦、十五弦為小瑟，二十五弦為中瑟，五十弦為大瑟。然又以為三十六弦者，蓋合陰數也。《爾雅》云：「大瑟謂之灑。」古者琴瑟相和，未嘗偏用。《書》云「琴瑟以詠」，《詩》云「鼓瑟鼓琴」，「琴瑟在御」，《明堂位》云「大琴大瑟」，「中琴小瑟」，〔註14〕四代之樂器是也。然孔子拒孺悲惟鼓瑟，而由與點之在聖門，亦惟鼓瑟，而未嘗兼琴者，〔註15〕何也？登歌琴瑟，惟王者備焉。《詩》云「並坐鼓瑟」，又云「何不日鼓瑟」，專用瑟也。

鄭聲

朱子曰：「鄭聲，鄭國之音。」

元按：《樂記》云：「鄭、衛之音，亂世之音也，比於慢矣。桑間、濮上之

〔註14〕中琴，湖海樓本、湖北叢書本、叢書集成初編本作「小琴」。
〔註15〕兼，道光歸雲別集本作「鼓」。

音，亡國之音也，其政散，其民流，誣上行私而不可止也。」此其所以當放也。
夫鄭、衛之聲皆淫，而孔子獨云「鄭聲淫」者，舉其甚者言之耳。《衛詩》自
《淇澳》至《木瓜》凡三十九，淫奔之詩纔四之一。《鄭詩》自《緇衣》至《溱
洧》凡二十有一，而淫奔之詩已不啻七之五。衛猶男悅女之詞，鄭皆女惑男之
語；衛猶多譏刺懲創之意，鄭幾蕩然無復羞愧悔悟之萌矣。〔註16〕此鄭聲之淫
所以甚於衛也。

論語類考卷十三

〔註16〕悔悟，道光歸雲別集本作「悟悔」。

論語類考卷十四

兵法考

三軍

朱子曰：「萬二千五百人為軍，大國三軍。」

元按：《周禮·大司馬》：「凡制軍，萬有二千五百人為軍。王六軍，大國三軍，次國二軍，小國一軍，軍將皆命卿。二千有五百人為師，師帥皆中大夫。五百人為旅，旅帥皆下大夫。百人為卒，卒長皆上士。二十五人為兩，兩司馬皆中士。五人為伍，伍皆有長。」又有小司徒之職，[註1] 會萬民之卒伍而用之。五人為伍，五伍為兩，四兩為卒，五卒為旅，五旅為師，五師為軍，[註2] 以起軍旅，以作田役，以比追胥，以令貢賦。丘葵氏云：「萬二千五百人為軍，鄉制也。鄉有比、閭、族、黨、州、鄉之名，故軍有伍、兩、卒、旅、師、軍之數。[註3] 此制一定，[註4] 則士不待選，將不改設，有事置之行陣，無事歸之田里，無招集之擾，無廩給之費，此先王之所以足兵也。」愚竊謂不然，比、閭、族、黨、州、鄉，乃田里不易之制，而伍、兩、卒、旅、師、軍之法，則於征伐之時以見在調發之兵而編定之耳。蓋當其無事，兵藏於農，及其有事，自依《司馬法》，四丘為甸，出長轂一乘，六十四井之內，五百七十二家，可任用者一千二百八十人之中，取其七十五人，籍於司馬，而民力始寬，其七十

[註1] 司，四庫本、湖海樓本、湖北叢書本作「師」，據道光歸雲別集本、叢書集成初編本改。

[註2] 五，四庫本作「伍」，據諸本改。

[註3] 伍，叢書集成初編本作「五」。

[註4] 此制一定，道光歸雲別集本作「此制之一定」。

五人非盡調發為兵也。又按《司馬法》，通十為成，成百井，八百家，士十人，徒二十人，是八百家之中可任用者二千人，二千人之中調發三十人而已。是籍於司馬者，一成之中百二十人有奇，四分當兵之數發兵，一分之強以起軍旅，而民力愈寬，安得謂伍、兩、卒、旅、軍、師即依比、閭、族、黨、州、鄉之法哉？況軍旅之起，有大司馬將之以行，而軍司馬、輿司馬、行司馬皆發兵時始置，安得謂比長、閭胥、族師、黨正、州長、鄉大夫皆帥兵以行，〔註5〕而將不改置，士不待選哉？彼徒見軍制與鄉制之數相合，而即以軍出於鄉。然天子六鄉六遂，大國三鄉三遂，次國二鄉二遂，小國一鄉一遂。鄉有比、閭、族、黨、州、鄉，猶遂有鄰、里、酇、鄙、縣、遂也。在鄉者無一家非兵，而在遂者獨佚焉，何其厚遠薄近如此哉？天子六軍姑勿論，且以大國三軍言之。伍五人，兩二十五人，三兩七十五人，出車一乘；百人為卒，三卒三百人，出車四乘；五百人為旅，二千五百人為師，三師七百五十人，出車百乘；萬有二千五百人為軍，三軍三萬七千五百人，出車五百乘。而大國千乘，共計六軍，〔註6〕乃總三鄉三遂之全數，其交互調發，止取其半，故曰三軍耳。豈謂三軍皆三鄉之民，而無三遂之民哉？《尚書·費誓》云：「魯人三郊三遂。」孔穎達《疏》云：「三郊三遂，謂魯人三軍也。」又《坊記疏》云：「凡出軍之法，鄉為正，遂為副。」《左傳疏》云：「古者用兵，先取之鄉，鄉不足，取之遂，遂不足，取之公邑采地。」然則軍制兼出鄉、遂，而不專於鄉也明矣。《魯頌·閟宮》篇云〔註7〕「公車千乘」「公徒三萬」，鄭玄《注》云：「萬二千五百人為軍。大國三軍，合三萬七千五百人。言三萬者，舉成數也。」然《管子·小匡篇》云：〔註8〕「三分齊國，以為三軍。萬人為一軍，三軍教士三萬人。」則其數又與《魯頌》合。或者乃以一軍萬人為古法，而《周禮》一軍之數多二千五百人，為妄加之數，此又執一之見也。

師旅　軍旅

朱子曰：「二千五百人為師，五百人為旅。」

元按：《易·象》云：「師，眾也。」《爾雅》云：「師、旅，眾也。」凡《詩》《書》言師與旅，注多以眾為訓。古人稱兵，或云師旅，或云軍旅，皆世俗之

〔註5〕鄉大夫，四庫本作「卿大夫」，據諸本改。

〔註6〕共，道光歸雲別集本作「兵」。

〔註7〕閟，道光歸雲別集本作「悶」。

〔註8〕匡，道光歸雲別集本作「臣」。

常語，初無二義。《書》云「班師振旅」，此即師旅之謂。周制，旅積而為師，師積而為軍，而小宰、大司徒、小司徒、鄉師、封人、鼓人、縣師、保氏、遂師、稍人、雞人、典瑞、小史、太史、典路、司右、旅賁氏、大僕、銜枚氏、象胥，皆有軍旅之文。孔子曰：「軍旅之事未學。」又曰：「王孫賈治軍旅。」子路曰：「加之以師旅。」蓋軍旅、師旅之稱，皆常語也。

帥

邢昺氏曰：「帥，謂將也。」

元按：周制，統軍曰將，統師、統旅曰帥，統卒曰長，統兩曰司馬，統伍亦曰長。是帥者，統師與旅者耳。謂之三軍，則為軍將者三人，為師帥者十五人，為旅帥者七十五人，為卒長者三百七十五人，為兩司馬者一千五百人，為伍長者七千五百人。今曰「三軍可奪帥」，則又以統乎三軍者言之，是帥之為言，通乎上下之稱也。管仲軍令云：五家為軌，故伍人為伍，軌長帥之。十軌為里，故五十人為小戎，里有司帥之。四里為連，故二百人為卒，連長帥之。十連為鄉，故三千人為旅，〔註9〕鄉良人帥之。五鄉一帥，故萬人為一軍，五鄉之師帥之。是帥也者，主也，可以上下稱者也。《牧誓》云千夫長、百夫長，孔穎達《疏》云：「長與帥，其義同。」夫《周禮》五人、二十五人皆稱長，《牧誓》千、百人亦稱長，是三軍可以稱帥，亦可以稱長也。

陳

朱子曰：「陳，謂軍師行伍之列。」

元按：《傳》云：「善師者不陳，善陳者不戰。」春秋之時，列國相攻，非復成周之舊制矣。蘇軾氏謂周制萬二千五百人為軍，其數奇而不齊，是以多為之曲折，以盡其變，而不可敗。管仲變其制，以萬人為軍，三軍三萬人，如貫繩然，法令簡一，而民有餘力以致其死，故可以取勝。愚因是考之，〔註10〕變周制者，不獨齊有內政而已，秦、楚、晉、鄭、魯、衛，皆非舊制。秦作陷陣，五人為伍，〔註11〕十伍為隊，一軍凡二百五十隊，以三千七百五十人為奇兵，隊七十有五，以為中壘，正門為握奇，大將軍居之，六纛、五麾、金鼓、府鼓、輻積，皆在中壘外，餘八千七百五十人分為八陳，每陳各千九十四人，又有獨比、參伍、烈火、隊官、曲部校、裨軍之稱，此秦制也。楚武王作荊尸以伐隨，

〔註 9〕三，道光歸雲別集本作「二」。
〔註10〕愚，道光歸雲別集本無。
〔註11〕為，道光歸雲別集本作「皆」。

又授帥子以立陳法，其後又有左盂、右盂、兩甄之陳，至莊王又以三軍為正軍，二廣為親軍，遊闕為遊兵，而陳之左右分為二拒，此楚制也。晉獻公作州兵，〔註12〕文公作上中下之三軍，十家九縣，長轂九百，〔註13〕其餘四十縣，遺守四千，又置三行，又更為上下新軍，此晉制也。鄭則有魚麗、鵝鸛之陣，著於《左氏春秋傳》，此鄭制也。魯成公作丘甲，每甸加步卒二十四人，甲士一人，三甸而加一乘，三桓改作三軍，季氏專將一軍，而孟、仲各專一軍之半，此魯制也。衛有王孫賈治軍旅，其制雖不經見，而陳法必與列國異，故靈公問焉，而孔子以為未學者，欲其先禮後兵耳。孔子嘗曰：「我戰則克。」而夾谷之會，以兵加萊人；費人之亂，以兵伐費人。孔子豈真未學者哉？〔註14〕

兵車

朱子曰：「不以兵車，〔註15〕言不假威力也。」

金履祥氏曰：「齊桓亦不無兵車之合，而語云『不以兵車』，蓋雖有兵車，〔註16〕而未嘗用之大戰也。故《國語》云：『諸侯甲不解纍，兵不解翳，弢無弓，服無矢。』〔註17〕胡安國云：『自伐山戎以前二十餘年，未嘗命大夫為主將，未嘗與大眾出征伐也。』」

元按：《韻書》：「兵，戎器也。」兵車，謂以車載戎器以戰也。《司馬法》所謂兵車一乘，甲士三人，步卒七十二人，是已。《傳》云：「秦之銳士，不可以當桓、文之節制。」此五霸所以惟桓、文為盛與？

干戈

孔安國氏曰：「干，楯也。戈，戟也。」

元按：干、戈，皆兵器。干，一名楯，一名櫓，即今旁牌。《方言》云：「自關而東，或謂之楯，或謂之干，關西謂之楯。」《詩》云「師干之試」，《注》云：「干即楯也。楯上施紛，而後可持。」《費誓》云「敿乃干」，《注》云：「敿，繫也。楯之紛也，紛如綬而小，繫於楯以持之，且以為飾也。」又干之為言扞也。《牧誓》云「比爾干」，《注》云：「並以扞敵。」《左傳》成公二年，齊侯

〔註12〕獻，湖北叢書本、叢書集成初編本作「惠」。
〔註13〕轂，道光歸雲別集本、湖北叢書本、叢書集成初編本作「轂」。
〔註14〕真，道光歸雲別集本作「其」。
〔註15〕車，四庫本作「軍」，據諸本改。
〔註16〕雖，道光歸雲別集本無。
〔註17〕矢，四庫本作「戾」，據道光歸雲別集本改。

抽戈楯以冒之，是也。戈似戟。《周禮・夏官》司戈盾「掌戈盾之物而頒之」，
《注》云：「戈，今時句孑戟也。或謂之雞鳴，或謂之擁頭。」《考工記》云：
「冶氏為戈戟。」戈則兩刃，廣二寸，內倍之，胡三之，援四之。戟則三刃，
廣寸有半，內三之，胡四之，援五之。又廬人為廬器，戈柲六尺有六寸，戟柲
一丈六尺。《詩》云「修我戈矛」，又云「修我矛戟」，是戈與戟不同。而鄭玄
以戈為句孑戟者，蓋以漢制言耳。漢時戈有旁出者為句孑，〔註18〕亦名胡孑。
《顧命》云「兌之戈在東房」，又云「執戈上刃，夾兩階阤」，而不言戟者，豈
非以戟長於戈，不可以執於東房階阤之間耶？〔註19〕故知戈與戟形相肖，而長
短大小不同。朱子《集注》以戈為戟，未之考耳。若謂戈為短戟，可也。

九合　一匡

邢昺氏曰：「九合者，兵車之會三，乘車之會六。《穀梁傳》云：『衣裳之
會十有一。』范甯《注》云：『十三年會北杏，十四年會鄄，十五年又會鄄，
十六年會幽，二十七年又會幽。〔註20〕僖元年會檉，二年會貫，三年會陽谷，
五年會首戴，〔註21〕七年會寧母，九年會葵丘。』凡十一會，不取北杏及陽穀，
為九也。」

朱子曰：「九，《春秋傳》作『糾』，督也，古字通用。」

元按：《左傳》僖公二十六年，齊伐我北鄙，公使展喜犒師，曰：「周公、
太公夾輔成王，成王賜之盟曰：『世世子孫無相害也。』載書在盟府，太師職
之。」桓公是以糾合諸侯而謀其不協，彌縫其闕而匡救其災，昭舊職也。朱子
謂九作糾，蓋據展喜之詞，而糾合宗族之糾，亦其證也。公、穀輩不考，乃直
以為九會諸侯，至數桓公之會不止於九，則又因不以兵車之文而為之說曰：衣
裳之會九，餘則兵車之會。然齊侯之會十有五，衣裳之會十有一，而兵車之會
四，豈有九合之數哉？羅泌云：「九合者，以葵丘之會言之也。鹹淮之會，固
出其後，而貫穀之舉，又非其盛。若乃兵車之會，則莊公十四年伐宋，二十八
年救鄭，僖公元年救邢，四年侵陳、蔡，六年伐鄭，與十五年之救徐，〔註22〕
首止之役，定王世子，所謂一匡天下者也。夫以九合為葵丘之會，是矣，而又

〔註18〕時，四庫本作「氏」，據諸本改。
〔註19〕執，諸本作「施」。
〔註20〕二，湖海樓本、湖北叢書本、叢書集成初編本作「三」。
〔註21〕戴，道光歸雲別集本作「止」。
〔註22〕與，道光歸雲別集本無。

以一匡天下為兵車之會，豈孔子所謂九會一匡者有二旨耶？昔晉平公問於叔向曰：『齊桓公九合諸侯，〔註23〕一正天下，〔註24〕緊君之力乎？臣之力乎？』對曰：『譬之衣然，管仲制裁之，隰朋削縫之，賓胥無純緣之，君舉而服之爾，臣之力也。』師曠倚瑟笑之，平公問焉，對曰：『凡為人臣，猶庖丁之於味也，管仲斷割，而隰朋熬煎之，賓胥無齊和之，爰進之君，君不食，誰其強之？是君之力也。』夫九合諸侯，一匡天下，齊桓之盛舉也，而孔子以為管仲之力，又曰：『微管仲，吾其被髮左衽。』而不及桓公者，何也？蓋以桓公當佐天子，恢王綱，纂舊服，而不當挾天子以九合諸侯耳。」《詩》於《衛風》存《木瓜》，所以美桓公也，而《齊風》則於桓公無述焉。然則桓公本無伊、周之志，而管仲器小，不能引以大道，其身沒而國亂也宜哉！

請討

朱子《集注》：「胡氏曰：『《春秋》之法，弒君之賊，人人得而誅之。仲尼此舉，先發後聞可也。』」

黃震氏曰：「沐浴而朝，告於哀公，君臣之義盡矣。責以先發後聞，〔註25〕是以仲尼為未足也。」〔註26〕

元按：楊慎氏云：「孔子時已致仕，家無藏甲，身非兵主，何所為發？若欲先發，是非司寇而擅殺也。聚眾，則逋逃主也；獨往，則刺客靡也，〔註27〕二者無一可焉。而曰先發後聞，謬矣。此在《論語》注第一礙而不通，即有疑者，亦謂胡氏之失耳。詳考胡氏此言，見於《春秋》隱公四年夏，宋公、陳侯、蔡人、衛人伐鄭之《傳》，引《論語》此章而繼之曰：『然則鄰有弒逆，聲罪致討，雖先發而後聞可矣。』蓋指宋、陳之國移兵以討州吁為言，而非謂孔子也。朱子《集注》引之，增『仲尼此舉』四字，殊非胡氏之本意。若可以先發，孔子當先為之，不待後人之紛紛也。」

奔殿

馬融氏曰：「殿，在軍後。前曰啟，後曰殿。」

〔註23〕齊桓公，道光歸雲別集本、湖北叢書本、叢書集成初編本作「昔齊公」，湖海樓本作「曰齊公」。
〔註24〕一，道光歸雲別集本無。
〔註25〕責，湖海樓本作「黃」。
〔註26〕足，湖海樓本、湖北叢書本、叢書集成初編本作「是」。
〔註27〕靡，湖北叢書本、叢書集成初編本作「輩」。

金履祥氏曰：「殿，兵家所謂斷後也。」

元按：《司馬法・謀帥篇》云：「夫前驅啟，乘車大震，倅車屬焉。」《注》云：「大震，即大殿也。」《左傳》襄公二十三年秋，齊侯伐衛，先驅，穀榮御王孫揮，大殿，商子游御夏之禦寇。《注》云：「先驅，前鋒軍名。大殿，後軍名。」王孫揮為前鋒帥，穀榮為御。夏之禦寇為大殿，後軍帥，商子游為御，故曰殿在軍後也。哀公十一年，齊為鄎故，國書帥師伐魯，孟孺子泄帥右師，冉求帥左師，及齊師戰於郊。樊遲請逾溝，師入齊軍，右師奔，齊人從之。涉泗，孟之反後入，以為殿，抽矢策其馬，曰：「馬不進也。」然則孟之反為殿者，為右師之殿耳。是時顏羽、邴洩俱在右師而同奔，其左師有冉求為帥，管周父為御，樊遲為右，乃獲齊之甲首八十。而不與右師同奔者，豈冉求以武城三百人為己徒卒，皆其所自選，而季氏所益之甲士七千人，皆其精兵也耶？

論語類考卷十五

宮室考

宗廟

陳祥道氏曰：「廟所以象生之有朝也，寢所以象生之有寢也。建之觀門之內，不敢遠其親也；位之觀門之左，不忍死其親也。《家語》曰：『天子七廟，諸侯五廟，自虞至周，所不變也。』是故《虞書》禋於六宗，以見太祖，《周官》守祧八人，以兼姜嫄之宮，則虞、周七廟可知矣。伊尹言七世之廟，商禮也。《禮記》《荀卿》《穀梁》皆言天子七廟，不特周制也，則自虞至周七廟，又可知矣。」

朱子曰：「《王制》天子七廟，三昭三穆，與太祖之廟而七。諸侯、大夫、士降殺以兩。而《祭法》又有適士二廟，官士一廟之文。大抵士無太廟，而皆及其祖考也。其制皆在中門之左，外為都宮，內各有寢廟，別有門垣。太祖在北，左昭右穆，以次而南。天子太祖百世不遷，一昭一穆為宗，亦百世不遷。二昭二穆為四親廟，高祖以上，親盡則遷。諸侯無二宗，大夫無二廟，其遷毀之次，與天子同。《儀禮》所謂『以其班祔』，《檀弓》所謂『祔於祖父』者也。」

季本氏曰：「《禮緯》云：『唐、虞五廟，親廟四，祖廟一。夏四廟，至子孫五。殷五廟，至子孫六。周五廟，至子孫七。』孔穎達云：『夏無太祖，宗禹，惟五廟。殷祖契而宗湯，則六廟。周尊后稷，宗文王、武王，則七廟。』文、武二祧，當時謂之廟，如《詩》所謂『於穆清廟』是也。或以文、武二世室，亦禮家之附會耳。《明堂位》曰：『魯公之廟，文世室也。武公之廟，武世室也。』《春秋》武公、煬公、桓公、僖公皆稱宮，魯公伯禽亦不應獨有世室

之稱。所謂『世室屋壞』者，蓋指祧主所藏之處也。古者祧主未瘞之前，雖其世在太祖之上，必別有一屋以安神主，而世世藏之，各一室焉。此以同堂異室為義，故不曰某宮某廟，而曰世室屋也。禮家以為祧主藏於太廟左右夾室者，非矣。苟藏於夾室，則祭有不及祧主之時，其祝號笙磬之聲，豈不徹於一壁之外，何以妥遠祖之靈乎？《周禮》有先公之祧，是祧以世分先後，不以室分左右也。」

元按：宗，尊也。尊奉之廟，故曰宗廟。《考工記》云：「夏后氏世室，堂修二七，廣四修一，五室，三四步，四三尺，九階，四旁兩夾，窗白盛，門堂三之二，室三之一。殷人重屋，堂修七尋，崇三尺，四阿，重屋。周人明堂，度九尺之筵，東西九筵，南北七筵，堂崇一筵，五室，凡室二筵。室中度以幾，堂上度以筵，宮中度以尋，野度以步，涂度以軌。廟門容大扃七個，闈門容小扃三個。」《注》云：「世室者，宗廟也。重屋者，正寢也。三代或舉宗廟，或舉正寢，或舉明堂，互言之，以明同制也。」夫周之明堂有五室，《孝經》云：「周公宗祀文王於明堂。」則明堂亦為宗廟矣。有明堂必有太室，《書》云：「王入太室祼。」《注》云：「太室，清廟也。」則明堂亦為清廟矣。又《月令》以五室皆為太廟，則太室亦為太廟矣。古人建國，左祖五廟，乃在雉門之左，而明堂則在南門之外，有五廟之寢，則明堂非祖廟即寢廟也。《周禮·夏官·隸僕》「掌五寢」，《注》云：「五寢之廟。」蓋明堂有五室，故有五寢。明堂之名不見於《周禮》，而見於《考工記》，意在當時或稱為寢廟也。朱子云：「一世各為一廟，廟有門，有堂，有室，有房，有夾室，有寢，四面有牆。」宋祁氏云：「周制，有廟有寢，以象人君前朝後寢也。廟藏木主，寢藏衣冠。至秦，乃出寢於墓側，故陵上更稱寢殿，後世因之。今宗廟無寢，蓋始於秦也。」《爾雅》云：「室有東西廂曰廟，無東西廂有室曰寢。廟中路謂之唐，堂途謂之陳，閱謂之門。宮中之門謂之闈，其小者謂之閨，小閨謂之閣。」夫謂東西廂者，即夾室前堂也。寢前廟後，宜有道，有闈門，有閣門。或謂閣門在廟門外，然《說文》以閣為門旁戶耳，豈得在廟門外哉？朱子謂堂下之壁，闈門在焉。婦人入廟由闈門，闈門如今東西掖，在旁壁。夫闈門既為婦人所由，則當在廟屋之後，而男子所由為閣門，當在廟屋之前矣。孫毓氏云：「宗廟之制，外為都宮，內各有寢廟，各有門垣。太祖在北，左昭右穆，差次而南。」賈公彥氏云：「諸侯五廟，太祖之廟居中，二昭居東，二穆居西。每門之前，兩旁有隔牆，牆皆有閣門。諸侯受聘於太祖廟，太祖廟以西隔牆有三

閣門，東行至太祖廟，凡經三閣門。夫謂東行至太祖廟者，自外門入，折而東也。蓋以路寢門為內門，又謂之中門，則天子、諸侯之雉門也，其外門則皋門也。入外門而曲折以入於廟門，則大門在雉門之外，而為皋門可知矣。」是公彥之說，與孫毓「左昭右穆，差次而南」者不同。既云太廟西有三閣門，則東亦以此為定規，而無所容世室矣。然則世室豈必居於太祖左右，而列於昭穆之上哉？

太廟

朱子曰：「太廟，魯周公廟。」

元按：《春秋》文公十三年，世室屋壞。公羊氏云：「世室者何？魯公之廟也。周公稱太廟，魯公稱世室，群公稱宮。周公何以稱太廟於魯？封魯公以為周公也。周公拜乎前，魯公拜乎後，曰：『生以養周公，死以為周公主。』」此魯之太廟所以為周公廟也。《春秋》成公三年，新宮災。六年，立武宮。定公元年，立煬宮。哀公三年，桓宮、僖宮災。又《明堂位》云：「魯公之廟，文世室也。武公之廟，武世室也。」然則諸侯蓋不止於五廟矣。又僖公八年，禘於太廟。夫太廟為周公廟，禘文王於周公之廟，見文王無廟也。文王無廟，主藏於世室，以世室僅可藏主，其制不廣，不可以周公就文王，故遷文王主禘於周公廟也。文王遷就其廟，則周公元妃安得不退避後寢乎？昔人有女主退避之說，蓋以此也。《荀子・宥坐篇》云：「子貢觀於魯廟之北堂，出而問於孔子。孔子曰：『太廟之堂，亦嘗有說。官致良工，因麗節文，非無良材也，蓋曰貴文也。』」莊公二十三年秋，丹桓宮楹。明年春，刻桓宮桷，皆非禮也。《明堂位》云：「魯之太廟，天子明堂；庫門，天子皋門；雉門，天子應門；山節，藻梲，復廟，重簷，刮楹，達鄉，反坫，出尊，崇坫，康圭，疏屏，天子之廟飾也。」若然，則魯廟僭甚，非周公所定侯國之禮制矣。孔子之每事問也，豈無意哉？

朝廷

朱子曰：「朝廷，政事之所出。」

元按：周制，天子有四朝，一曰外朝，秋官朝士掌之；二曰中朝，〔註1〕夏官司士正其位；三曰內朝，即路寢之朝；四曰詢事之朝，小司寇掌其政。恒言三朝者，以詢事之朝非常朝，故不言也。杜佑云：「天子路寢門有五，其最

〔註1〕朝，湖海樓本、湖北叢書本、叢書集成初編本作「門」。

外曰皋門，二曰庫門，三曰雉門，四曰應門，五曰路門。路門之內，則路寢也。皋門之內曰外朝，朝有三槐，左右九棘。近庫門有三府九寺。庫門之內有宗廟社稷。雉門之外有兩觀，兩觀之外有詢事之朝，在宗廟社稷之間。雉門內有百官宿衛之廨。應門內曰中朝，中朝東有九卿之臺。燕朝即路寢之朝，太僕掌之。」陳祥道云：「《周官》太僕掌燕朝之服位，宰夫掌治朝之法，司士掌朝儀之位，朝士掌外朝之法，此言天子之朝也。」《禮記·文王世子》云：「公族朝於內朝，庶子掌之；其在外朝，司士掌之。」又《玉藻》云：「朝服以日視朝於內朝，退適路寢聽政。」〔註2〕然則《文王世子》與《玉藻》所謂朝者，諸侯之朝也。蓋天子庫門之外，外朝也，朝士掌之；路門之外，治朝也，宰夫、司士掌之；路寢，燕朝也，太僕掌之。諸侯亦有路寢，有外朝，則《文王世子》所謂內朝者，《玉藻》所謂路寢也；《玉藻》所謂內朝者，《文王世子》所謂外朝也。《玉藻》於路寢之外言內朝，則又有外朝矣。諸侯內朝，司士掌之，其官與天子同。燕朝，庶子掌之，其官與天子異。天子有五門，而諸侯惟有皋、應、路三門而已。《明堂位》稱魯公之宮云：庫門，天子皋門；雉門，天子應門。言名製二兼四，是魯無皋門、應門矣。《檀弓》云：「魯莊公之喪既葬，而絰不入庫門。」是庫門在雉門外矣。〔註3〕《郊特牲》云：「繹於庫門內。」言遠，當於廟門，廟在庫門之內也。《小宗伯》云：「右社稷，左宗廟。」則外朝在庫門之外、皋門之內明矣。又《魯語》云：「天子及諸侯合民事於外朝，合神事於內朝。」《注》云：「神事，謂祭祀也；民事，謂頒政事也。」然則孔子之在朝廷，蓋在外朝也。

公門

元按：諸侯有三門，皆謂之公門。此所謂公門，乃孔子入朝之處，蓋應門也。《曲禮》云：「龜、筴、几、杖、席、蓋、重素、袗絺綌，不入公門。苞屨、扱衽、厭冠，不入公門。書方、衰、凶器，不入公門。」蓋公門尊嚴，不輕入也。又《考工記》云：「應門二徹參个。」《注》云：「正門謂之應門，謂朝門也。徹，轍也。二徹之內，八尺參个，三八二丈四尺也。」此言天子之門，而諸侯之禮則有降殺，其門或狹於此。然《聘禮》乃侯國之禮，而《疏》引二徹三个為證，豈門制或有同與？

〔註2〕路寢，四庫本、道光歸雲別集本作「寢路」，據湖海樓本、湖北叢書本、叢書集成初編本改。

〔註3〕雉，叢書集成初編本作「雄」。

中門

朱子曰：「中門，中於門，謂當棖闑之間，君出入處。」

元按：《爾雅》云：「棖謂之楔。」《注》云：「門兩旁木。」蓋門有二扉，其兩旁有長木，謂之棖，又名楔。門之中有一短木，謂之闑，又名橜。左右扉各有中，左扉之中在闑東棖西，右扉之中在闑西棖東，此左右，以內視外而言也。然門以向堂為正，謂自外視內也。大抵左扉是主出入之道，右扉是賓出入之道。古人常掩左扉，惟以右扉出入，故《玉藻》云：「闔門左扉，立於其中。」謂右扉之中也。又云：「君入門，介拂闑，大夫中棖與闑之間，〔註4〕士介拂棖。賓入，不中門，不履閾，公事自闑西，私事自闑東。」此皆言賓客之事也。又《燕禮》與《大射禮》俱云：「卿大夫皆入門右。」《曲禮》云：「大夫士出入君門，由闑右。」此所謂右，自外而視之者也。故《燕禮注》云：「凡入門而右由闑東，左則由闑西。」由闑東者，是臣朝君之法；由闑西者，是聘賓入門之法。《論語》所記立不中門者，左扉之中也。中者，君出入之道，臣入不敢由此，必近闑東，況敢中門而立乎？

履閾

朱子曰：「閾，門限也。《禮》，士大夫出入公門由闑右，不踐閾。」

元按：《爾雅》云：「柣謂之閾。」郭璞、孫炎皆注為門限。邢昺云：「經傳諸注皆以閾為門限，謂門下橫木為內外之限也。俗謂之地柣。」

過位

朱子曰：「位，君之虛位，謂門屏之間，人君宁立之處。」

元按：《曲禮》云：「天子當依而立，諸侯北面而見天子，曰覲。天子當宁而立，諸公東面，諸侯西面，曰朝。」孔穎達《疏》云：「依，狀如屏風，以絳為質，高八尺，東西當戶牖之間，繡為斧文也，亦曰斧依。」《覲禮》云：「天子設斧依於戶牖之間。」鄭玄《注》云：「依，如今綈素屏風。斧謂之黼。」是也。依，一作扆。《爾雅》云：「牖戶之間謂之扆，門屏之間謂之宁。」即《周禮》所謂外朝也。但天子外屏，其屏在路門外；諸侯內屏，其屏在路門內。則宁立之處，天子當在門外屏內，諸侯當在屏外門內，此為不同耳。朱子謂人君宁立，饒魯謂古無坐見臣下之禮，至秦尊君卑臣，始有君坐臣立之制，是今之

〔註4〕棖，四庫本、道光歸雲別集本作「闑」，據湖海樓本、湖北叢書本、叢書集成初編本改。

朝儀用秦制也。古者朝會，君臣皆立，公西赤束帶立於朝，《史記》謂「秦王一旦捐賓客而不立朝」是也。〔註5〕孔子過君之虛位者，蓋國有朝會，則君立於門屏之間，而卿、大夫、士之朝位各列於門外之東西，故孔子入門之時，須過門屏之間以就朝位，君猶未視朝，故云虛位也。

蕭牆　樹塞

朱子曰：「蕭牆，屏也。」又曰：「屏謂之樹。塞，猶蔽也。設屏於門，以蔽內外也。」

元按：邢昺氏云：「蕭之為言肅也。君臣相見之禮，至屏而加肅焉，是以謂之蕭牆。」金履祥氏云：「謂之蕭牆者，雖設屏以限內外，而蕭疏可以通望內外，如漢罘罳之類。」夫既曰蔽內外，而又曰蕭疏通望，非牆屏之制矣。蓋因《明堂位》云：「疏屏，天子之廟飾。」《注》云：「疏，刻也。屏，樹也。刻為雲氣蟲獸，如今桴思也。」桴思一作罘罳，故金氏以屏為罘罳耳。然漢之桴思，乃闕上小樓，雖蕭疏通望，而非蔽內外之屏也。古者天子、諸侯、大夫、士，皆有物以蔽內外。天子、諸侯謂之屏，以木為之，高八尺，足高二尺，漆赤中。大夫以簾，士以帷。天子設於門外，諸侯設於門內，大夫、士設於庭中。《爾雅》云：「屏謂之樹。」《注》云：「樹，立也。立牆當門以自蔽也。」又《郊特牲》云：「臺門而旅樹。」《注》云：「旅，道也。樹，所以蔽行道也。」夫魯之季氏有蕭牆，齊之管仲有樹塞，皆以大夫而僭諸侯之制者也。

宮牆

朱子曰：「古人宮外惟有牆，無今人廊室。」

元按：《釋名》云：「宮，穹也。言屋見於垣上，穹崇然也。」《爾雅》云：「宮謂之室，室謂之宮。」《注》云：「同室而兩名也。」〔註6〕古者宮室上下通稱。《莊子》云「黃帝築特室」，《管子》云「堯有衢室之問」，《帝王世紀》云「堯見舜，處於二宮」，而《孟子》則謂之二室，又曰「宮室之美」，又曰「取諸宮中」，則宮室可以通稱。至秦、漢以後，始以宮為至尊所居之稱耳。《釋名》云：「牆，障也，所以自障蔽也。」《左傳》云「有牆以蔽惡」是也。夫有宮則有牆。及肩之牆，士、庶人之牆也。「窺見室家之好」，室家亦謂之宮，《禮記》

〔註5〕朝，四庫本、道光歸雲別集本無，據湖海樓本、湖北叢書本、叢書集成初編本補。

〔註6〕室，四庫本、道光歸雲別集本作「實」，據湖海樓本、湖北叢書本、叢書集成初編本改。

云：「由命士以上，父子皆異宮。」是也。數仞之牆，天子、諸侯之牆也。「不見宗廟之美」，宗廟亦謂之宮，《詩》云「公侯之宮」，《春秋》桓宮、僖宮，是也。故子貢以室家之牆與宗廟之牆總謂之宮牆云。

阼階

朱子曰：「阼階，東階也。」

元按：《說文》云：「階，陛也。」謂設級以升也。《考工記》云：「夏后氏九階。」《注》云：「南面三，三面各二，故為九階。」竊謂堯時土階三尺，夏制當崇於唐、虞，而有九級之階，非為四面共設九階也。古者堂前無階，惟左右設兩階。由東西序以上，地道尊右，故右為賓階。東方，仁也，主人居之，故左為阼階。阼階，主人之階也。天子之尊，其堂亦惟兩階。君立於阼，以賓延其群臣，所以下之也。《曲禮》云：「踐阼，臨祭祀。」《注》云：「天子履主階以行事也。」自秦皇始中為甬道，亢然自尊，而有中階矣。《明堂位》云：「三公中階之前，北面東上；諸侯之位，阼階之東，西面北上；諸伯之位，西階之西，東面北上。」夫中階之名不經見，惟《明堂位》言之，蓋《明堂位》乃秦、漢人所撰也。孔子朝服立阼階，孔安國謂廟之阼階，蓋以大夫服朝服以祭神，故用祭服以依神也。而朱子不言廟者，豈謂孔子立於主人之階，而以賓禮待鄉人也耶？

堂室

朱子曰：「升堂入室，喻入道之次第。」

元按：《說文》云：「堂，殿也。」《釋名》云：「室，實也。言人物滿實於中也。」《禮記》云：「天子之堂九尺，諸侯七尺，大夫五尺，士三尺。」《尚書大傳》云：「天子之堂高九雉，公、侯七雉，子、男五雉。」蓋古人前堂後室，負陰而抱陽。堂向明，以中為尊；室朝生氣，以右為尊。室南為堂，堂之中為兩楹之間。室則左右為東西房，而堂之左右則通達顯明，不間隔者也。

奧

元按：《爾雅》云：「室西南隅謂之奧，西北隅謂之屋漏，東北隅謂之宧，東南隅謂之窔。」邢昺氏云：「此別室中四隅之異名也。」孫炎氏云：「奧者，室中隱奧之處。」古者為室，戶不當中而近東，則西南隅最為深隱，故謂之奧，而祭祀及尊者常處焉。《曲禮》云：「凡為人子者，居不主奧。」是也。

竈

朱子曰：「竈者，五祀之一。」

元按：《釋名》云：「竈，造也，創造食物也。」《月令》云：「孟夏之月，其祀竈。」又云：「竈者，老婦之祭，盛於盆，尊於瓶。」《莊子》云：「仲尼讀書，老聃倚竈觚而聽之。」何孟春氏云：「是賓位也。古人穴地為竈，故席地可憑其觚。今人稱竈東廚，尚存其旨。」《史記》云：「李少君以祀竈術見武帝，於是天子始親祠竈。」自漢以來，始有竈神之稱。《淮南子》云：「炎帝死為竈神。」《路史》云：「蘇伯死為竈神。」《東觀漢記》云：「陰氏臘日晨炊，見竈神，以黃羊祀之。」《抱朴子·內篇》云：「竈神每月晦日上天，言人罪狀，大者奪紀，小者奪筭。」《宋史》云：「彭介夜聞廚宇有聲，窺之，見一人具王者服，曰：『我竈君也，為公理家事耳。』」又《茅君內傳》及《雜五行書》述竈神事甚繁，蓋人心徼福而撰奇如此。仲尼不語神怪，非此類也哉。

牖

朱子曰：「牖，南牖也。《禮》，病者居北牖下，君視之，則遷於南牖下，使君得以南面視己。」

元按：《喪大記》云：「疾病，外內皆埽，君、大夫撤縣，士去琴瑟，東首於北牖下。」孔穎達氏云：「病者恒在北牖下，若君來視，則暫移南牖下，東首，令君得南面而視之。」金履祥氏云：「北牖之牖當作墉。」蓋室中北墉而南牖。古人室北牆上起柱為壁，壁間西北角有小圓窗名扆，謂之屋漏，然無北牖之名。夫牖、墉不同，墉，牆也；牖，窗也。《書》云「既勤垣墉」，謂牆也。《易》云「納約自牖」，謂通明之窗也。

長府

鄭玄氏曰：「長府，藏名也。藏貨財曰府。」

元按：《周禮·天官》有大府、玉府、內府、外府之職。大府為王治藏之長，玉府掌王之金玉玩好。內府主良貨財藏在內者，外府主泉藏在外者。府，猶聚也，言貨財所聚也。魯國聚財之處，名為長府。《左傳》昭公二十五年，公居於長府，以伐季平子，而叔孫氏之司馬鬷戾帥徒以救，陷西北隅以入，則長府蓋在宮內，其亦魯之內府也乎？

廄

邢昺氏曰：「廄焚，謂孔子家廄被火也。」

許謙氏曰：「廄，養馬之閒也。凡牧馬之數，四馬為乘，三乘為皂，三皂為繫，六系為廄，一廄二百一十六馬。廄即閒也。牧馬之人謂之圉，而馬有良駑。良馬則匹一人，駑馬則麗一人。良馬則乘有圉師，皂有趣馬，系有馭夫，廄有僕夫。駑馬則六麗一師，六師一趣馬，六趣馬一馭夫。天子十二閑，馬六種，五良一駑，〔註7〕駑三良馬之數。諸侯六閑，三良三駑。此章為邦國之廄。良馬三閑，六百四十八馬。掌圉、牧者，總一千二百七十三人。駑馬三閑，馬與人數亦如之。故廄焚，夫子問人而不問馬。」

元按：《家語》《雜記》皆載此事，而《家語》乃云國廄，故許氏據之，以為邦國之廄。夫既為國廄，則路馬亦重矣。問人之後，獨不可問馬乎？邢氏以為孔子家廄者，因其退朝而知之也。《雜記》云：「廄焚，孔子拜鄉人為火來者。」孔穎達《疏》云：「廄焚，孔子馬廄被焚也。」是廄乃孔子之私廄，故於退朝而後問耳。

節梲

包咸氏曰：「節者，栭也，刻鏤為山。梲者，梁上楹，畫為藻文，言其奢侈。」

朱子曰：「節，柱頭斗栱也。藻，水草名。梲，梁上短柱也。」

元按：《爾雅》云：「桴廇謂之梁，其上楹謂之梲。開謂之槉，栭謂之楶。」《注》云：「梲，侏儒柱也。〔註8〕開，柱上欂也，亦名枅，又名楷。楶即櫨也。」《疏》云：「桴、廇，柱也。其梁上短柱名梲，一名侏儒柱，以其短小也。開者，柱上木名，又謂之槉，又名欂，又名枅，柱上方木是也，又名楷，是一物而五名也。栭，一名楶，又名節，即櫨也，謂斗栱也。」據此，則節為櫨而非欂矣。《明堂位》云：「山節藻梲，天子之廟飾。」《注》云：「山節，刻欂櫨為山也。〔註9〕藻梲，畫侏儒柱為藻文也。」又《禮器》云：「管仲山節藻梲。」《注》云：「栭謂之節，梁上楹謂之梲。」《疏》云：「欂櫨亦名節。山節，謂刻柱頭為斗栱，形如山也。」據此，則節之名總為欂櫨矣。又熊氏以栭上著木穩謂之欂櫨，即今之楷木，則節與欂櫨異矣。蓋古今宮室之制，方言稱謂不同如此。《尚書·益稷》篇云：「山龍華蟲。」又云：「藻火粉米。」《疏》云：「山取其靜鎮，且能興雲雨。藻取其有文。」此古人服制之法象也。今以山藻為宮室之象者，豈亦取此義與？

〔註7〕五良一駑，叢書集成初編本作「良馬一駑」。

〔註8〕侏，湖海樓本作「株」。

〔註9〕欂櫨，四庫本作「櫨欂」，據湖海樓本、湖北叢書本、叢書集成初編本改。

居蔡

朱子曰：「居，猶藏也。」

元按：《周禮·龜人》云：「凡取龜用秋時，攻龜用春時，各以其物入於龜室。」鄭玄云：「六龜各異室也。」孔穎達云：「龜有六室，六龜各入於其室。」然古者藏龜之室，惟天子、諸侯得為之。臧孫以大夫而僭焉，且有山節藻梲之奢，以諂事鬼神，故孔子以為不智。

市朝

朱子曰：「肆，陳尸也。」

吳仲迂氏曰：「市朝不過連言之。《左傳》云：『晉殺三郤，尸諸朝；殺安於，尸諸市。賤者在市也。』」

應劭氏曰：「大夫以上於朝，士以下於市。」

元按：《考工記》云：「匠人營國，方九里，旁三門，面朝後市，市朝一夫。」《注》云：「王宮所居。面，猶向也。一夫，謂各方百步之地也。」又《秋官》：「鄉士各掌其鄉之民數，辯其訟獄，異其死刑之罪而要之，旬而職聽於朝。獄訟成，士師受中，協日刑殺，肆之三日。」鄭玄謂：「肆猶申也，陳也。有罪既殺，陳其尸曰肆。」且引《論語》「肆諸市朝」為陳尸之證。又掌囚告刑於王，奉而適朝，士加明梏，以適市而刑殺之。又掌戮刑盜於市。蓋刑於市者，即《禮記》「刑人於市，與眾棄之」者也。凡罪當死，不在八議，而後可以戮於市。公伯寮愬子路之罪，揆之周制，未知合至死否？而子服景伯力能肆諸市朝，則魯之士師不受中協日者多矣，宜乎柳下惠直道而三黜也。

論語類考卷十五

論語類考卷十六

飲食考

醯

朱子曰：「醯，醋也。」

元按：《周禮》有醯人，掌五齊七菹。《注》云：「齊菹，須醯而成。」《集韻》云：「醯，酸味也。」《釋名》云：「醯，苦酒也。」六經無醋字，讀《漢書》始見。

醬

馬融氏曰：「魚膾非芥醬不食。」

朱子曰：「食肉用醬，各有所宜。」

元按：《內則》云：「濡豚，包苦實蓼。濡雞，醢醬實蓼。濡魚，卵醬實蓼。濡鼈，醢醬實蓼。」《說文》云：「醬，醢也。」《集韻》云：「醬，醢也。」《周禮·膳夫》云：「凡王之饋食，醬用百有二十甕。」《注》云：「醬，謂醯醢也。」今人則謂醢為醋，不謂醬為醢矣。《風俗通》云：「雷不作醬，世謂令人腹內雷聲。」王充《論衡》云：「作豆醬惡聞雷，欲人急作，不欲積久也。」《太平御覽》云：「子路感雷精而生，尚鬥好勇，死，衛人醢之。孔子覆醢，每聞雷，心惻怛耳。」是又以醢即醬也。

祭肉

元按：祭肉謂之胙。《左傳》云「宰孔賜齊侯胙」，《史記》云「天子賜楚成王胙」，是也。胙亦謂之福。《說文》云：「胙，祭福肉也。」《穀梁》云：「胙，致福肉也。」《周禮·膳夫》：「凡祭祀之致福者，受而膳之。」《注》云：「致

福，謂進祭祀之餘肉。」故《左傳》謂申生致胙於公，而《國語》則謂致福於公，是福即胙也。祭於公，君廟之胙也；朋友之饋，家廟之胙也。朋友且拜，則拜公胙可知。胙肉生曰脤，熟曰膰。《孟子》云「膰肉不至」，謂熟胙也。

腥

朱子曰：「腥，生肉。」

元按：生肉有腥氣，故謂之腥。《少儀》云：「切葱若薤實之，醯以柔之。」《注》云：「殺腥氣也。」《周禮·庖人》：「秋行犢麛，膳膏腥。」《注》云：「膏腥，雞膏也。」此特論因時煎和之法，然凡肉之生者，皆謂之腥，不獨牛羊雞魚而已。又飲食之穢者，亦皆謂之腥，《書》云「庶群自酒，腥聞在上」，是也。又郭璞注《爾雅》云「飯中有腥」，謂有生米也。

膾

朱子曰：「牛羊與魚之腥，聶而切之為膾。」

元按：朱子之言出《少儀》，鄭玄注云：「聶之為言牒也，先藿葉切之，復報切之，則成膾。」又孔穎達《郊特牲疏》云：「先牒而大臠切之，然後報切之。」金履祥云：「報切之者，再橫切也。」《詩》云「炰鱉膾鯉」，《內則》云「大夫燕食，有膾無脯，有脯無膾」，言不得兼用也。

魚餒

朱子曰：「魚爛曰餒。」

元按：《爾雅》：「魚謂之餒。」郭璞云：「餒，內爛也。」《春秋》僖公十九年，梁亡。《公羊傳》云：「梁亡，魚爛而亡也。」何休云：「梁君隆刑峻法，百姓一旦相率俱去，狀若魚爛。魚爛從內發也。」

肉敗

朱子曰：「肉腐曰敗。」

元按：《爾雅》云：「肉謂之敗。」郭璞云：「敗，臭壞也。」《說文》云：「敗，毀也。」《集韻》云：「敗，破也。」故兵陣外破者曰敗。肉謂之壞者，腐自外入也。

肉味

元按：《說文》云：「味，滋味也。」味有五，酸、鹹、甘、苦、辛。《周禮·瘍醫》云「以酸養骨，以辛養筋，以鹹養脈，以苦養氣，以甘養肉」是也。

市脯

元按：《禮記》云：「牛脩、鹿脯、田豕脯、麋脯、麕脯。」鄭玄《注》云：「脯，析乾肉也。」東方朔云：「乾肉為脯。」《周禮·腊人》掌乾肉，凡脯腊之事。《注》云：「薄析曰脯。」夫脯為薄析之乾肉，則朱子釋束脩以為脯者，非也。

沽酒

元按：《周禮·酒正》：「掌酒之政令，以式法授酒材。辨五齊之名，一曰泛齊，二曰醴齊，三曰盎齊，四曰緹齊，五曰沈齊。辨三酒之物，一曰事酒，二曰昔酒，三曰清酒。」《月令》云：「乃命大酋，秫稻必齊，麴蘗必時，湛熾必絜，〔註1〕水泉必香，陶器必良，火齊必得。」《酒經》云：「空桑穢飯，醞以稯麥，以成醇醪，酒之始也。烏梅女貞，甜醴九投，澄清百品，酒之終也。」沽酒，《集注》以沽為買，然鄭玄注《酒正職》云：「既有米麴之數，又有功沽之巧。」孔穎達《疏》云：「功沽，謂善惡。」是酒之善者為功，惡者為沽也。或曰：酒以久為貴。《周禮》昔酒，取其久也。一宿曰宿，再宿曰沽。沽酒是再宿之酒耳。

食精

朱子曰：「食，飯也。精，鑿也。」

元按：《春秋運斗樞》云：「粟五變而烝飯可食。」《呂氏春秋》云：「飯之美者，玄山之禾，不周之粟，陽山之穄，南海之秬。」闔津《九章》云：〔註2〕「粟飯五十，糲飯七十，稗飯五十，鑿飯四十八，御飯四十二。」《風土記》云：「精折米十取七八。」〔註3〕朱子謂精為鑿，鑿與糳同。《說文》云：「糲米一斛舂九斗為糳。」《釋名》云：「糲一斛舂八斗精米也。」則精、糳異矣。

薑食

朱子曰：「薑通神明，去穢惡，故不撤。」

元按：《內則》云：「楂、梨、薑、桂。」又云：「屑桂與薑，以灑諸上。」是薑為庶羞之所必用者。孔安國云：「齊禁葷物，薑辛而不臭，故不去。」夫雖齊亦不去，則常食之有薑可知。史繩祖《學齋佔畢》云：「王介甫問不徹薑

〔註1〕湛熾必絜，湖海樓本、湖北叢書本、叢書集成初編本作「湛饎必潔」。
〔註2〕闔津，當為「闔澤」。
〔註3〕折，湖海樓本、湖北叢書本、叢書集成初編本作「析」。

食之義於劉貢甫，貢甫善謔，隨對曰：『《本草》：薑多食，令人損智。智者過於道，孔子以道教人，故勸人食薑，以愚其智耳。』」其意蓋戲介甫之鑿於經學也。朱子《詠薑詩》曰：「薑云能損心，此謗誰與雪。請誦去穢功，神明看朝徹。」自注云：「《本草》載薑久食去臭氣，通神明。或云傷心氣，不可多食者，非也。」古人格物之學，一草一木，無不精到如此。

蔬食

朱子曰：「蔬食，粗飯也。」

元按：《集韻》云：「疏，粗也。」故朱子以蔬食為粗飯。韓子云：「孫叔敖為令尹，糲飯菜羹。」《晏子春秋》云：「晏子相齊，食脫粟飯。」是也。又孔安國云：「蔬食，菜食也。」蔬、疏，古字通用。何孟春：〔註4〕「蔬食乃乏米，以蔬充食，不但無肉耳。」《東觀漢記》：「趙孝建武初，穀食少。孝夫婦嘗蔬食，而以穀食陰讓弟禮夫婦。禮覺，亦不肯食，遂共蔬食。」是蔬食者，非穀食矣。《論》《孟》蔬食之云，蓋如此。

菜羹

元按：《爾雅》云：「肉謂之羹。」郭璞云：「肉臛也。」邢昺云：「肉臛者，《儀禮》所謂臐、膮、膷是也。」《廣雅》云：「羹謂之湆。」《詩》云「毛炰胾羹」，《左傳》云：「潁谷封人食舍肉，曰：小人有母，未嘗君之羹。」《戰國策》云：「羊羹不徧。」是古人以肉為羹也。羹食，自諸侯至庶人無等。今云菜羹者，以菜為羹，如《內則》所謂芼羹，《晉史》所謂蓴羹也。孔子厄於陳、蔡，七日不食，藜藿不糝。蓋藜羹以米汁糝之，不糝者，未成羹也。《史記》云「堯有天下，粢糲之食，藜藿之羹」，是也。

饋

元按：《篇海》云：「饋，餉也。」凡以物遺人謂之饋，如饋藥、饋車馬是也。進食亦謂之饋，《周禮·內饔》選百羞以俟饋，《禮記》云「主人親饋，則拜而食」，是也。又庖廚亦謂之饋，《易》云「在中饋」，是也。歸孔子豚，《魯論語》「歸」作「饋」。

盛饌

朱子曰：「饌，飲食之也。」

〔註4〕何孟春，四庫本作「何春孟」，據湖北叢書本、叢書集成初編本改。

元按：弟子以酒食饌先生者，常禮也；主人以盛饌供賓者，隆禮也。凡主人侍食於長者，則親為之饋。既有盛饌，則親饋可知。《曲禮》云：「主人親饋，則拜而食；主人不親饋，則不拜而食。」《注》云：「饋，進饌也。」孔子見盛饌必變色而作，朱子以為敬主人之禮者，謂其親饋耳。

亞飯　三飯　四飯

朱子曰：「亞飯以下，以樂侑食之官。」

元按：《周禮・春官・大司樂》：「王大食，三侑，皆令奏鐘鼓。」《白虎通》云：「王者平旦食、晝食、晡食、暮食，凡四飯。諸侯三飯，大夫再飯。」馮奇之云：「天子、諸侯皆以樂侑食，每食樂章各異，各有樂師。」朱子云：「諸侯三飯，故魯之樂師自亞飯以下蓋三飯也。」愚謂不然。亞，次也。亞飯之後有三飯、四飯，則亞飯之前必有初飯矣。使魯止於三飯，則於禮樂未甚僭也，樂師又何以他適乎？蓋古者天子一日四飯，魯用天子禮樂，亦一日四飯。所謂干、繚、缺者，乃各飯時作樂侑食之官。不言初飯者，或主初飯之官不他適耳。

變食

朱子曰：「變食，謂不飲酒，不茹葷。」

元按：不飲酒、不茹葷之說，出《莊子》。葷者，辛臭蒜屬。葷且不茹，則他物可知。此孔子謹齊之事。愚嘗因是歎釋氏齊素之不經也。釋氏以三、五、九月為三長月，〔註5〕故奉佛者不飲酒，不茹葷。其說云：天帝以大寶鏡輪照四天下，寅、午、戌月正臨南贍部州，故當食素以徼福。官司謂之斷月，俗又謂之惡月，士大夫赴官者輒避之。或又謂唐時藩鎮蒞事，必大享軍，屠殺羊豕甚多，故不欲以其月蒞任，他官則不爾也。《晉書・禮志》云：「穆帝納后，不用九月，為忌月。」《北齊書》云：「高洋謀篡魏，其臣宋景業言宜以仲夏受禪。或稱五月不可入官，犯之，終於其位。景業曰：『王為天子，無復下期，豈得不終於其位乎？』」然則正、五、九之忌月，相承已久，竟不曉其義何所取，事起何時。

車乘考

殷輅

馬融氏曰：「殷車曰大輅。」

朱子曰：「商輅，木輅也。輅者，大車之名。古者以木為車而已，至商而

有輅之名，蓋始異其制也。周人飾以金玉，則過侈而易敗，不若商輅之朴素渾堅，而等威已辨，[註6] 為質而得其中也。」

元按：路、輅，古字通用。《正義》云：「路訓大也。君之所在，以大為號，[註7] 門曰路門，寢曰路寢，車曰路車。」是也。注《左傳》者謂車行之道路，故以路名之，謬矣。若然，則門寢之制，豈亦行於道路乎？《通典》云：「有虞氏因彤車而制鸞車，夏后氏因鸞車而制鉤車，殷因鉤車而制大路，周因殷路而制五路。」《周禮·春官·巾車》：「掌王之五路，一曰玉路，錫，樊纓十有再就；二曰金路，鉤，樊纓九就；三曰象路，朱，樊纓七就；四曰革路，龍勒，條纓五就；五曰木路，前樊鵠纓。」又王後亦有五路，重翟，錫面朱總；厭翟，勒面繢總；安車，雕面鷖總；翟車，貝面組總；輦車，組輓。而孔子所謂殷輅，蓋即周之木路也。革路鞔而漆，木路漆而不鞔。錫在顱，鉤在額。朱者，勒之色；龍者，勒之飾。樊纓，以組為之，與冠纓同，五采一匝為就。錫也，鉤也，朱也，龍勒也，玉、金、象、革四路皆有之，木路則質而已。《尚書·顧命》云：「大輅在賓階面，綴輅在阼階面，先輅在左塾之前，次輅在右塾之前。」《注》云：「大路，玉輅也。綴輅，金輅也。先輅，象輅也。次輅，革輅、木輅也。」蓋周以玉輅為大輅，而殷之大輅則木而已。《左傳》云：「大路越席，昭其儉也。」服虔以大路為木路，而杜預則以大路為玉路，蓋不知玉路乃周之大路，而非殷之大路也。《明堂位》云：「大路，殷路也。」《注》云：「大路，木路。」漢祭天，乘殷之路，謂之桑根車，是已。《禮器》云：「大路繁纓一就，先路三就，次路五就。」《注》云：「大路，殷祭天之車也。」殷尚質，無別雕飾，乘以祭天，謂之大路。殷有三路，先路、次路、大路也。然諸侯有先路、次路，亦有大路。《樂記》云：「大輅，天子之輅，所以贈諸侯。」《雜記》亦云：「諸侯之贈，有乘黃大路，相隧以後路。」《注》云：「後路，次路也。」蓋周之天子大路乃玉路，而諸侯之大路則金，非殷之木路也。《左傳》鄭以先路三命之服賜子展，以次路再命之服賜子產。魯以先路三命之服賜晉三帥，以一命之服賜司馬輿師。又僖公二十八年，王賜晉文公以大路之服。定公四年，祝鮀言先王分魯、衛、晉以大路。襄公十九年，王賜鄭子僑以大路。二十四年，王賜叔孫豹以大路。杜預謂賜魯、衛、晉之大路皆金路，賜穆叔、子僑之大路當是革、木二路也。

[註6] 已，湖海樓本、湖北叢書本、叢書集成初編本作「以」。
[註7] 以大為號，湖海樓本、湖北叢書本、叢書集成初編本作「以為大號」。

輗 軏 衡

包咸氏曰:「大車,牛車。輗者,轅端橫木以縛軛。小車,駟馬車。軏者,轅端上曲鉤衡。」又曰:「衡,軏也。」

朱子曰:「大車,謂平地任載之車。輗,轅端橫木,縛軛以駕牛者。小車,謂田車、兵車、乘車。軏,轅端上曲鉤衡,以駕馬者。」

元按:《易》云「服牛乘馬」,是古者駕車,或以牛,或以馬也。大車之轅直,小車之轅曲。轅者,鉤衡木也。轅端橫木,端猶前也。轅前橫木,謂衡也。衡亦謂之軏。《詩箋》云:「車前曲木,上鉤衡者,謂之輈。」輈即轅也。轅前有軏,謂曲木以駕牛肩,而聯於橫木也。小車,謂田車、兵車、乘車。據《周禮注》,則田車木路,兵車革路,乘車金路、玉路、象路。然巾車所掌之服車有五,皆可謂之乘車也。吳伯章云:「轅長一丈四尺四寸,平居輿下,曲其末,而上鉤於衡。衡下缺去七寸,以扼馬領,使不得出,謂之軏。其軏之平處,謂之衡。衡與軏,一木也。轅所以鉤而就之耳。」

式 立

邢昺氏曰:「式者,車上之橫木。男子立乘,有所敬,則俯而憑式,遂以式為敬名。」

朱子曰:「式,車前橫木。有所敬,則俯而憑之。」

元按:式與軾同。古者乘車皆立,惟老人與婦人坐乘耳。然馬驟車馳,有難於立,故於車上橫立高木五尺五寸,謂之較,使乘車者依之以立焉。或遇有所敬,則當鞠躬,故又橫一木,高三尺三寸,在較下,謂之式。有敬,則俯躬而憑之,又於式上橫一木,二尺二寸,謂之較。《詩》云「倚重較兮」是已。《考工記》云:「輿人為車,參分其隧,一在前,二在後,以揉其式。」又云:「以其廣之半為之式崇。」又云:「參分軫圍,去一以為式圍。」《注》云:「兵車之式,深尺四寸三分寸之二。」其田車、乘車,皆與兵車之式同。而《曲禮》則云:「兵車不式。」《注》云:「尚威武,不崇敬也。」豈兵車戰時撤其式乎?抑車式尚存,而武人無所用式乎?

執綏

邢昺氏曰:「綏者,挽以上車之索也。」

元按:《曲禮》云:「獻車馬者執策綏。」又云:「僕展軨效駕,奮衣由右

上，〔註8〕取貳綏。」又云：「君出就車，則僕並轡授綏。」又云：「凡僕人之禮，必授人綏。」《注》云：「取貳綏者，貳，副也。綏，登車索。綏有二，一是正綏，擬君之升；一是副綏，擬僕右之升。故僕振衣畢，取綏二副而升也。並轡授綏者，謂以六轡及策並置一手中，以一空手取正綏授與君，令登車也。凡僕人之禮，〔註9〕必授人綏者，謂為人僕必授綏與所升之人也。」《少儀》云：「以散綏升，執轡。」《注》云：「散綏，副綏也。」《檀弓》云：「魯莊公及宋人戰於乘丘，馬驚，敗績，公墜，佐車授綏。」《注》云：「戎車之貳曰佐。授綏，乘公也。」又《詩》云：「淑旗綏章。」《箋》云：「綏，所引登車也。」此所謂綏，即孔子升車所執之綏也。然綏之取義不一。《明堂位》云：「綏，謂大麾旌旄之屬。」〔註10〕《詩》云：「福履綏之。」《箋》云：「綏，安也。」所謂「綏之斯來」，亦取安義。《左傳》文公十二年，秦、晉出戰，交綏。《注》云：「未致爭而兩退曰綏。」《司馬法》所謂「將軍死綏」是也。《曲禮》云：「武車綏旌。」《注》云：「綏，謂垂舒之也。」《曲禮》又云：「大夫則綏之。」《注》云：「綏，下也。」此所謂綏，皆與升車之綏不同。

車中

包咸氏曰：「車中不內顧者，前視不過衡軛，旁視不過輢轂。」

元按：《曲禮》云：「車上不廣咳，不妄指，立視五巂，式視馬尾，顧不過轂。」《注》云：「巂，猶規也，謂輪轉之度。」蓋車輪一周為一規，乘車之輪高六尺四寸，徑一圍三，總一規為一丈九尺八寸，五規為九丈九尺，六尺為十六步半，則在車上得視前十六步半也。而包、邢謂前視不過衡軛，與《曲禮》異矣。不內顧者，即《禮》所謂「顧不過轂」也。轂居輪之中，輪有三十輻，周圍輳之，外裹以革，內置鐵軸，而軸橫其中，謂之轂。孔穎達云：「轉頭不得過轂，過轂則掩後人私。」是也。不疾言、不親指者，即《禮》所謂「不廣欬、不妄指」也。車中不內顧，古《論語》作「車中內顧」。

執輿

朱子曰：「執輿，執轡在車也。蓋本子路御而執轡，今下問津，故夫子代之也。」

〔註8〕由，湖海樓本作「田」。
〔註9〕凡，四庫本作「几」，據湖海樓本、湖北叢書本、叢書集成初編本改。
〔註10〕旄，湖海樓本、湖北叢書本、叢書集成初編本作「旗」。

元按：《爾雅》：「轡首謂之革。」郭璞云：「轡，靶勒也。」又《字林》云：「靶，轡革也。」是轡首即革耳。古者乘車駕四馬，凡八轡。《詩》云：「執轡如組。」孔安國氏云：「御者執轡於此，使馬騁於彼。」朱子云：「轡，今之韁也。」執轡乃僕御之事，子適衛，冉有僕，故知此本子路御而執轡，孔子代之也。執轡而長沮曰執輿，輿之疾徐，在轡之操縱。執者，收攝在手之義。執輿，謂執轡止輿以待子路之問津也。

論語類考卷十六

論語類考卷十七

冠服考第一

周冕

邢昺氏曰：「冕者，冠之別號。《世本》云：『黃帝作冕。』宋仲子云：『冕，冠之有旒者。』禮文殘缺，形制難詳。《周禮·弁師》掌王之五冕，皆玄冕朱裏，止言玄朱而已，不言所用之物。《子罕》篇云：『麻冕，禮也。』蓋以木為幹，而用布衣之。上玄下朱，取天地之色。其長短廣狹，則經傳無文。阮諶《三禮圖》、《漢禮器制度》云：『冕制皆長尺六寸，廣八寸，天子以下皆同。』沈引董巴《輿服制》云：『廣七寸，長尺二寸。』應劭《漢官儀》云：『廣七寸，長八寸。』沈又云：『廣八寸，長尺六寸者，天子之冕；廣七寸，長尺二寸者，諸侯之冕；廣七寸，長八寸者，大夫之冕。但古禮殘缺，未知孰是。』司馬彪《漢書輿服志》云：『孝明帝永平二年，初召有司采《周官》《禮記》《尚書》之文制冕，皆前圓後方，朱裏玄上，前垂四寸，後垂三寸。天子白玉珠十二旒，三公諸侯青玉珠七旒，卿大夫黑玉珠五旒，皆有前無後。』此則漢法耳。其古禮，鄭玄注《弁師》云：『天子袞冕十二旒，鷩冕九旒，毳冕七旒，希冕五旒，玄冕三旒，旒各十二玉。公之袞冕九旒，九玉。侯、伯七旒，七玉。子、男五旒，五玉。孤三旒，三玉。大夫二旒，二玉。謂之冕者，冕，俛也，以其後高前下，有俛俯之形，故名冕焉，欲其位彌高而志彌下也。』」

朱子曰：「周冕有五，祭服之冠也。冠上有覆，前後有旒。黃帝以來，蓋已有之，而制度儀等至周始備。」

元按：《周禮·司服》云：「掌王之吉凶衣服。王之吉服，祀昊天上帝，則

服大裘而冕，祀五帝亦如之。享先王則袞冕，享先公、享射則鷩冕，祀四望、山川則毳冕，祭社稷、五祀則希冕，〔註1〕群祭、小祀則玄冕。《注》云：「袞，卷龍衣也。其衣五章，裳四章。鷩冕，襜衣也，其衣四章，裳三章。毳冕，虌衣也，其衣三章，裳二章。希冕，刺粉米，無畫也，其衣無文，惟刺黼黻而已。」又《弁師》云：「掌王之五冕，皆玄冕，朱裏延紐，五采繅十有二就，皆五采玉十有二，玉笄朱紘。諸侯之繅斿九就，瑉玉三采，其餘如王之事，繅斿皆就，玉瑱玉笄。〔註2〕諸侯及孤卿大夫之冕，各以其等為之。」《注》云：「繅，雜文之名，合五采絲為之繩，垂於延之前後，《玉藻》所謂『前後邃延』是也。袞衣之冕十二斿，則用玉二百八十八。鷩衣之冕繅九斿，用玉二百一十六。毳衣之冕七斿，用玉一百六十八。希衣之冕五斿，〔註3〕用玉一百二十。〔註4〕玄衣之冕三斿，用玉七十二。諸侯及孤卿大夫之冕，各以其等者，繅斿如其命數也。侯、伯繅七就，用玉九十八。子、男繅五就，用玉五十，繅玉皆三采。孤繅四就，用玉三十二。三命之卿繅三就，用玉十八。再命之大夫繅再就，用玉八，繅玉皆朱綠。」又《禮記》云：「天子為藉，冕而朱紘；諸侯為藉，冕而青紘。」謂之紘者，以一組繫於左笄，繞頤而上，屬於右笄，垂余以為之飾。陳祥道所謂「冕約之以武，設之以紐，貫之以笄，固之以紘」，是也。《虞書》有日、月、星辰、山、龍、華蟲、藻、火、粉米、黼、黻、絺繡之十二章，故《通典》云：「虞備十二章，夏、殷相襲不變。」而鄭玄注《周禮‧冕服》，惟有九章，其三辰則登於旗，何其說之異也？夫自堯、舜垂衣裳，至周而儀章日著。孔子於四代禮樂，特曰「服周之冕」，取其文物之備，尊卑有辨也。豈虞備十二章，而周乃惟有九章乎？又謂「上公冕服九章」，而王服亦九章，何以別上下也？《郊特牲》云：「祭之日，王被袞以象天。」則十二章備矣。而鄭玄則謂日、月、星辰之章，乃魯禮也。豈周制止九章，而魯反有十二章乎？鄭注之難據如此。

黻冕

邢昺氏曰：「祭服謂之黻，其他謂之韠，〔註5〕俱以韋為之，制同而色異。

〔註1〕希，湖北叢書本、叢書集成初編本作「絺」。
〔註2〕玉笄，湖海樓本、湖北叢書本作「王笄」。
〔註3〕希，湖北叢書本、叢書集成初編本作「絺」。
〔註4〕玉，四庫本作「王」，據湖海樓本、湖北叢書本、叢書集成初編本改。
〔註5〕韠，湖海樓本、湖北叢書本、叢書集成初編本作「韋」。

韠各從裳色，韍之色皆赤，尊卑以淺深為異。天子純朱，諸侯黃朱，大夫赤而已。大夫以上，冕服皆有韍，故稱禹韍冕。《左傳》云：『晉侯以韍冕命士會。』蓋韍制雖同，而冕制有尊卑耳。《周禮》五冕，孤之服自希冕而下，則晉侯以韍冕命士會者，當是希冕也。」

朱子曰：「韍，蔽膝也，〔註6〕以韋為之。冕，冠也。皆祭服也。」

元按：韍與韠制同而名異，《禮記》作「韍」，《易》作「紱」，《詩》作「芾」。《記》云：「有虞氏服韍，夏后氏山，殷火，周龍章。韠，君朱，大夫素，士爵韋。一命縕韍幽衡，再命赤韍幽衡，三命赤韍蔥衡。」〔註7〕蓋韠之色因乎裳，而《記》謂君「朱，大夫素，士爵韋」者，皆祭服之韠也。君祭以冕服，冕服朱衣纁裳，故朱韠。大夫祭以朝服，緇衣素裳，故素韠。士祭以玄端，玄端則雜裳可也，故爵韠。《周禮·典命》公、侯、伯之士一命，而士之助祭以爵弁，爵弁纁裳，故縕韍，所謂「一命縕韍」是也。公、侯、伯之卿三命，大夫再命，而卿、大夫助祭以玄冕，玄冕纁裳，故赤韍，所謂再命、三命亦韍是也。韠之為物，以其茀前則曰韍，以其一巾足矣則曰韠，以色則曰縕，以縕之質則曰韎韐。蓋古人稱蒨草為茅蒐，讀茅蒐之音為韎韐。縕乃蒨所染，故稱韎韐也。《士冠禮》於皮弁、玄端皆言韠，特於爵弁言韎韐。《詩》於素韠言韠，於朱芾、赤芾乃言芾，是韠者芾之通稱，而芾與韎韐異其名，所以尊祭服也。君韠以朱，而諸侯朝王則赤，赤芾在股，「赤芾金舄」是也。芾與紱同，《易》之「朱紱方來」「困於赤紱」是也。《采芑》言方叔之將兵，韍亦以朱；《瞻彼洛矣》言作六師，而韍以韎韐。蓋兵事服韋弁，韋弁纁裳，〔註8〕故貴者以朱韍，卑者以韎韐也。《左傳》云「袞冕韍珽」，《疏》云：「韍、韠同制也。」《禮書》云：「韍長三尺，以象三才。頸五寸，以象五行。下廣二尺，以象地。上廣一尺，以象天。天子之韠直，其會龍、火與山；諸侯前後方，其會火與山；大夫前方後挫角，其會山而已。」鄭玄謂山取其仁，火取其明，龍取其變，惟天子備焉。然則邢昺所謂尊卑韍制相同，謬矣。孔子稱「禹致美乎韍冕」，先言韍者，韍之制在冕之先也。《詩》云「常服黼冔」，《注》云：「黼，黼裳也。黼冔，猶言黼冕也。」禹之韍冕，雖無所考見，然曰致美，則比唐、虞之禮有加，但不如周冕之文盛耳。《王制》云：「有虞氏皇而祭，深衣而養老；夏后氏

〔註6〕膝，叢書集成初編本作「㬢」。
〔註7〕韍，四庫本作「服」，據湖北叢書本、叢書集成初編本改。
〔註8〕纁，四庫本作「緯」，據湖海樓本、湖北叢書本、叢書集成初編本改。

收而祭，燕衣而養老；殷人冔而祭，縞衣而養老；周人冕而祭，玄衣而養老。」《郊特牲》云：「委貌，周道也；〔註9〕章甫，殷道也；毋追，夏后氏之道也。」周弁、殷冔、夏收，是收者禹之弁名，而毋追乃禹之冠名也。

麻冕

朱子曰：「麻冕，緇布冠也，以三十升布為之。」

許謙氏曰：「冕，冠總名。冕名五，袞、鷩、毳、希、玄。〔註10〕天子、諸侯、公卿、大夫、士朝祭用之。五冕有九等，其一十二旒，次九旒，下至二旒，為八等，與十二旒共九等。天子用十二旒，及九、七、五、三共五等。自九旒以下，各以其命數服之。冕、弁、冠，皆首服也，冕、冠皆以緇布為之。〔註11〕《集注》以冕為緇布冠，亦總名也。」

元按：古者冠制有三，曰冕，曰弁，曰冠。冕者，朝祭之服，所謂十二旒、九旒而下者是也，惟有位者得服之。弁亞於冕，所謂周弁、殷冔、夏收是也。冠亞於弁，所謂委貌、章甫、毋追是也。弁與冠，自天子至於士皆可服焉。夏、殷之祭用弁，蓋未嘗以弁亞於冕也。而周制始以冕弁定尊卑之分，庶人以冠，士以弁，不得服冕。大夫雖可服冕，而私家之祭則不敢用，是冕與冠異也。而《集注》以冕為緇布冠者，何也？邢昺云：「冠者，首服之大名；冕者，冠中之別號。」胡祖義云：「冕，冠上板也。」緇布，染布為赤黑色，故謂冕為緇布冠。麻冕，績麻為布以為冕。《記》云：「大古冠布，齊則緇之。」蓋古人不輕於蠶繅，以布為重，但以粗細色素為吉凶，以縷數為差等，八十縷為一升。升者，登也；登者，成也。《禮》，朝服十五升布，冠倍之。吉服冠冕最貴，故以三十升極細之布為之。《漢·食貨志》云：「周布帛廣二尺二寸為幅。」朱子謂古尺一幅闊二尺二寸，如深衣用十五升布，已似今之極細絹。古尺短於今尺，若再盡十五升，是又加一千二百縷，則一幅當不止二尺二寸。蓋以周尺之二尺二寸容二千四百縷，一寸計一百九縷。程子謂周尺當今尺五寸五分弱，則今尺之一寸計縷幾二百，是一寸當為百箝。此所以細密難成，不如用絲之省約。絲謂之純者，絲之始繅，素質未染，故曰純也。中古吉服雖用絲，然猶以布為貴，故冠冕皆用布。《書》云王麻冕黼裳，卿士、邦君麻冕蟻裳，太保、太史、太宗皆麻冕彤裳，是也。至孔子時，或有為純冕者，其用功省約而可從。故孔子

〔註9〕貌，四庫本作「積」，據湖北叢書本、叢書集成初編本改。
〔註10〕希，湖北叢書本、叢書集成初編本作「絺」。
〔註11〕以，叢書集成初編本作「可」。

服周之冕者，尚其等儀之辨，而純冕從眾者，取其儉不廢禮也。

冕衣裳

朱子曰：「冕，冠也。衣，上服；裳，下服。冕而衣裳，貴者之盛服也。」

元按：《說文》云：「冕，大夫以上冠也。」夫冕雖卿大夫可服，然服之亦有其時。卿大夫服冕以朝，及服冕以助祭，其次則受遺奉冊服之，《書》謂「一人冕，執鉞」之類是也。非此三者，不得服冕。雖私家奉祀，亦不過服皮弁而已。冕之旒，衣裳之章，皆視命數以為隆殺，不敢越也。《通典》云：「上古衣毛，後世以麻易之，先製其衣，後制其裳。」黃帝、堯、舜垂衣裳，蓋取諸乾坤，故衣玄而裳黃。觀翬翟草木之華，乃染五色，始為文章，以表貴賤，而天下理，此衣裳之始也。子見冕衣裳者，雖少必作，過之必趨，其當朝祭之會，而未為魯大夫之時乎？《魯論語》「冕」作「弁」，鄭玄《注》云：「魯讀弁為統。」

玄冠

朱子曰：「喪主素，吉主玄。」

元按：《雜記》云：「委武玄縞而後蕤。」《注》云：「玄，玄冠也。」凡禮家稱玄端者，玄謂玄冠，端謂朝服。惟《玉藻》所謂「天子玄端而朝日於東門之外」，「諸侯玄端以祭」，乃指玄冕而言，其餘玄端，皆謂玄冠朝服也。《特牲饋食禮》云：「主人冠玄冠。」又《士冠禮》云：「主人玄冠朝服。」《注》云：「玄冠，委貌也。委貌，周冠名。」《周語》云：「晉侯端委以入武宮。」是晉侯亦服玄冠也。《玉藻》又云：「玄冠朱組纓，天子之齊冠也。玄冠丹組纓，諸侯之齊冠也。玄冠綦組纓，士之齊冠也。」孔子羔裘玄冠不以弔，李日華謂：「羔裘，朝服。玄冠，祭服。」竊謂古者冬裘夏葛，冬之朝服，先服羔裘，必用緇布衣為裼。裼衣之上，始服玄端之衣，與玄冠相配，君臣視朝皆用之。若祭用朝服，則冬服亦當有羔裘矣。是羔裘亦可以為祭服，而玄冠亦可以為朝服。但朝祭俱吉服，故不以弔也。《周禮·司服》云：「凡弔事，弁絰服。」《注》云：「弁絰者，如爵弁而素，加環絰。絰大如緦之絰，其服錫衰、緦衰、疑衰。諸侯及卿大夫亦以錫衰為弔服。」又《喪服小記》云：「諸侯弔，必皮弁錫衰。」而喪服舊說則以士弔服素委貌冠，朝服，非也。素委貌乃庶人弔服，而士當用弁絰、疑衰，變其裳以素耳。國君於其臣弁絰，他國之臣則皮弁，大夫士有朋友之恩，亦弁絰也。《集注》「喪主素」，所謂素者，如《檀弓》「奠以素器」之素，言無文采也。然弔祭之服，其袂侈，制與常服不同，非謂以白素為弔服而已。

章甫

朱子曰：「章甫，禮冠。」

元按：《郊特牲》云：「章甫，殷道也。」《注》云：「道者，常所服以行道之冠。」蓋周曰委貌，殷曰章甫，夏曰毋追。毋追一作牟堆，〔註12〕長七寸，高四寸，廣五寸，後廣二寸，制如覆盃，前高廣，後卑銳。章甫高四寸半，後廣四寸，前櫛。周之委貌，蓋亦損益乎章甫之制。章者，明也；甫者，丈夫之稱，言冠所以表明丈夫也。故公西赤服之而為相，是周人而用殷冠也。輔廣云：「章甫，緇布冠也，與毋追、委貌相比，皆以漆布為之。」是三代之冠不甚相遠也。孔子，殷人也，居宋。章甫者，其亦思殷道也夫。

端

邢昺氏曰：「鄭玄云：『端，玄端。諸侯日視朝之服。』蓋其衣正幅，染之玄色，故曰玄端。《王制》云：『周人玄衣而養老。』〔註13〕《注》云：『玄衣，素裳。』天子之燕服，為諸侯朝服。彼云玄衣，即此云玄端也。若以素為裳，即是朝服。此朝服素裳，皆得謂之玄端。故鄭云『端，玄端』，諸侯朝服。若上士以玄為裳，中士以黃為裳，下士以雜色為裳，天子、諸侯以朱為裳，則皆謂之玄端，不得名朝服也。」

元按：《周禮·司服》言諸侯、孤卿、大夫、士之服，而繼之以齊服有玄端、素端，則玄端、素端非特士之齊服而已。鄭玄云：「端者，取其正也。」蓋士之衣袂皆二尺二寸而屬幅，是廣袤等也。其袪尺二寸，大夫以上侈之。侈之者，蓋半而益一，則其袂三尺三寸，袪尺八寸。然謂之端，則衣袂與袪廣袤等矣，無大夫、士之辨也。果士之袪殺於袂尺，非端也；大夫之袪侈以半而益一，亦非端也。故深衣之袂圜，長衣之袂長，弔祭及餘衣之袪侈，則玄端之袂必端。許謙氏云：「端，衣名也，布幅二尺二寸。」此衣身長二尺二寸，袂亦二尺二寸而屬幅，謂袖接一幅也。整齊端正，故謂之端，是也。古者端衣或配以冕，或配以冠。《玉藻》云：「天子玄端而朝日於東門之外。」《大戴記》云：「武王端冕而受丹書。」《樂記》云：「魏文侯端冕而聽古樂。」《荀卿》云：「端衣玄裳，絻而乘路。」此配以冕者也。《冠禮》云：「冠者玄端、緇布冠，既冠，易服，服玄冠、玄端。」《左傳》云：「劉定公端委以治民。」又云：「晏平仲端委以立於虎門。」《晉語》云：「董安于端委以隨宰人。」《周語》：「晉

〔註12〕堆，湖海樓本、湖北叢書本、叢書集成初編本無。
〔註13〕衣，四庫本作「服」，據湖北叢書本、叢書集成初編本改。

侯端委以入武宮。」此配以冠者也。夫《周禮》謂玄端為齊服，然諸侯與士又以為祭服，《玉藻》云「諸侯玄端以祭」，《特牲饋食禮》云「主人冠端玄」，是也。大夫士又以為私朝之服，《玉藻》云「朝玄端，夕深衣」，是也。天子至士又以為燕服，《玉藻》云「天子卒食，玄端而居」，《內則》云「子事父母，冠緌纓，端韠紳」，是也。卿大夫士又以為朝服，其視齊祭之玄端，特易其裳耳。凡為擯相者，當服朝服，《聘禮》云「使者朝服帥眾介」，是也。故公西赤云「端章甫，願為小相」，而陳祥道乃云：「齊祭之服尚玄，若朝服，則天子以素，諸侯以緇，未聞以玄端也。」其意蓋據《儀禮》云「大夫祭以朝服，士祭以玄端」，《冠禮》云「主人朝服，既冠，〔註14〕服玄端」，《雜記》云「公襲，朝服一，玄端一」，皆以朝服與玄端並言，故謂玄端非朝服也。蓋不知齊祭之玄端，上衣下裳俱用玄，非齊祭，則其玄端乃衣玄，而裳不必玄也。朝服之衣用玄端，而尊卑以裳別，豈可謂玄端非朝服，而不可以擯相也哉？

朝服

孔安國氏曰：「朝服，皮弁服。」

元按：孔氏以朝服為皮弁服者，《士冠禮》云：「皮弁服，素積，緇帶，素韠。」鄭《注》云：「此臣與君視朔之服也。」故孔氏以皮弁為吉月之朝服。然鄭《注》又云：「皮弁者，以白鹿皮為冠也。」皮弁之衣用布十五升，其色象焉。又素衣黂裳為視朔之服，是冠與衣之色俱白矣。《周禮·司服》云：「視朝則皮弁服，凡甸，冠弁服。」《注》云：「皮弁之衣用緇布，而裳則積素，以象皮弁耳。」此又與素衣黂裳裳不合也。《弁師》云：「王之皮弁，會五采玉璂，象邸玉笄。諸侯及孤卿大夫之韋弁、皮弁，各以其等為之。」《注》云：「韋弁、皮弁，侯、伯璂飾七，子、男璂飾五，玉皆三采。孤璂飾四，三命之卿璂飾三，〔註15〕再命之大夫璂飾二，玉皆二采。」此皮弁之制也。《記》云：「天子與其臣，皮弁以日視朝。諸侯與其臣，皮弁以朔視朝。朝服以日視朝。」《郊特牲》云：「三王共皮弁素積。」《祭儀》云：「君皮弁素積以巡牲。」又云：「君皮弁素積，卜三宮之夫人世婦，使入於蠶室。」又云：「大學始教，皮弁祭菜。」然則皮弁之服，豈但施於視朔而已哉？蓋皮弁乃天子至士通用之服。以《儀禮·士冠》《士喪》考之，則皮弁之上有爵弁；以《周禮·司服》考之，則皮弁之

〔註14〕既，四庫本作「則」，據湖海樓本、湖北叢書本、叢書集成初編本改。
〔註15〕三，四庫本作「五」，湖海樓本、湖北叢書本、叢書集成初編本作「二」，據清嘉慶二十年南昌府學重刊宋本十三經注疏本《周禮注疏》改。

上有韋弁，但不如皮弁之用為多也。孔子於吉月必朝服而朝者，蓋致仕不忘其君。而孔、邢俱以朝服為皮弁服，其或以魯君不視朔，乃服視朔之服以存禮也乎？若夫因君視疾，加朝服拖紳者，乃玄端常朝之服。因鄉人儺而朝服立阼階者，乃祭服耳。蓋大夫祭以朝服，冠以皮弁，服祭服，以存室神也。

帷裳

王肅氏曰：「衣必有殺縫，唯帷裳無也。」

朱子曰：「朝祭之服，裳用正幅如帷，要有襞積而旁無殺縫。其餘若深衣，要半下，齊倍要，則無襞積而有殺縫矣。」

元按：《釋名》云：「帷，圍也。」《廣雅》云：「帷、幕，帳也。」朝祭之服，上衣必有殺縫。[註16] 在下之裳，其制正幅如帷，名曰帷裳，則無殺縫。其餘服制如深衣之類，必有殺縫。故喪服之制，裳內削幅，《注》云：「削，猶殺也。」輔廣云：「禮服取其方正，故裳用正幅。而人身之要為小，故於要之兩旁為襞積，即今衣折也。」陳傅良云：「深衣之裳，以布六幅斜裁為十二幅，三分之一在上，三分之二在下。要狹齊闊，要不用襞積，[註17] 而旁有斜裁之殺。縫殺也者，謂要殺於齊一半也。」

論語類考卷十七

〔註16〕縫，湖海樓本、湖北叢書本、叢書集成初編本作「衣」。
〔註17〕襞，四庫本作「劈」，據湖北叢書本、叢書集成初編本改。

論語類考卷十八

冠服考第二

紳　帶

邢昺氏曰：「以帶束腰，垂其餘以為飾，謂之紳。」

朱子曰：「紳，大帶之垂者。」

陳祥道氏曰：「《玉藻》：『天子素帶，朱裏終辟。諸侯素帶，終辟。大夫素帶，〔註1〕辟垂。士練帶，率下辟，並紐約用組三寸，長齊於帶。紳長制，士三尺，有司二尺五寸，大夫大帶四寸。雜帶，君朱綠，大夫玄華，士緇，辟二寸，再繚四寸。凡帶有率無箴功。』辟，猶冠裳之辟積也。率，縫合之也。天子、諸侯大帶終辟，則竟帶之身辟之，大夫辟其垂，士辟其下而已。雜，飾也。飾帶，君朱綠，大夫玄華，士緇。故《儀禮・士冠》主人朝服緇帶，冠者爵弁、皮弁、緇布冠，皆緇帶，則士帶練而飾以緇也。士辟下二寸，則所辟其下端二寸也。再繚四寸，則結處再繚屈之四寸也。天子至士，帶皆合帛為之，或以素，或以練，或終辟，或辟垂，或辟下，其飾或朱綠，或玄華。蓋素得於自然，練成於人功，終辟則所辟者備，辟垂、辟下則所積者少。朱者，正陽之色；綠者，少陽之雜。玄與緇者，陰之體；華者，文之成。天子體陽而兼乎下，故朱裏而裨以朱綠。諸侯雖體陽，而不兼乎上，故飾以朱綠而不朱裏。大夫體陰而有文，故飾以玄華。士則體陰而已，故飾以緇。然於大夫言帶廣四寸，則其上可知，而士不必四寸。於士言紳三尺，則其上可知，而有司止於二尺五寸也。凡帶有率無箴功，則帶縡而已，無刺繡之功也。以至並紐約組三寸，再繚四寸，紳、

〔註1〕帶，湖海樓本無。

-273-

韠、結三齊，皆天子至士所同也。夫所束長於飾，〔註2〕則失之太拘。所飾長於束，則失之太文。紳、韠、結三齊，然後為稱，則有司之約韠，蓋亦長二尺五寸也。古者於物言華，則五色備矣。於文稱凡，則眾禮該矣。鄭氏以華為黃，以凡帶為有司之帶，以率為士與有司之帶，以辟為褾，以二寸為士帶廣。大夫以上用合帛，士以下褾而不合，〔註3〕皆非經據之論也。」

元按：古人之帶二，有革帶，有大帶。革帶以皮為之，用以懸佩，亦以繫韍，在裳之上、衣之內。《易》云「鞶帶」，《內則》云「男鞶革」，《玉藻》云「革帶博二寸」，〔註4〕《士喪禮》云「鞶帶搢笏」，《左傳》云「鞶厲遊纓」，楊子云「繡其帨鞶」，〔註5〕是也。既服革帶，然後於衣上加以大帶。大帶以繒為之，圍於腰，結於前，其兩頭垂在下者曰紳，即今深衣之帶。《詩》云「垂帶而厲」，毛萇、杜預皆以厲為帶之垂者，是也。《玉藻》：「子游曰：『參分帶下，紳居一焉。』紳、韠、結三齊。」《注》云：「紳謂紳帶，韠謂蔽膝，結謂約紐餘組。三者俱長三尺，故為三齊也。」革帶與韠，其用相因，則革帶之色當與韠同。而大帶施於衣上，其朝祭常服之制，及君臣貴賤之等，必有不同也。故公西赤之束帶立朝，與孔子之朝服拖紳，皆朝服之帶。而子張所書之紳，非居士之錦帶，則弟子之縞帶耳。

佩

朱子曰：「君子無故玉不去身，觿、礪之屬，亦皆佩也。」

許謙氏曰：「凡佩，有德佩，有事佩。德佩則有琚、瑀、珩、璜、衝牙。《玉藻》云：『古之君子必佩玉，無故玉不去身，君子於玉比德焉。天子佩白玉而玄組綬，公、侯佩山玄玉而朱組綬，大夫佩水蒼玉而純組綬，世子佩瑜玉而綦組綬，士佩瓀玟而縕組綬。凡帶必有佩玉，唯喪否。』若事佩，則如《內則》所謂左佩紛帨、刀礪、小觿、金燧，右佩玦、捍、管、遰、大觿、木燧，〔註6〕是也。紛帨，拭物之巾也。刀礪，小刀及礪石也。小觿解小結，大觿解大結，狀如錐銳，以象骨為之。金燧取火於日，木燧所以鑽火。玦，發弦者也。捍，拾也。管，筆弢。遰，刀韠也。〔註7〕《玉藻》又云：『孔子佩象環五寸，

〔註2〕於，湖海樓本、湖北叢書本、叢書集成初編本作「所」。
〔註3〕褾，湖海樓本、湖北叢書本、叢書集成初編本作「單」。
〔註4〕二，湖海樓本、湖北叢書本、叢書集成初編本作「三」。
〔註5〕楊，湖海樓本、湖北叢書本、叢書集成初編本作「揚」。
〔註6〕遰，叢書集成初編本作「帶」。
〔註7〕韠，湖海樓本、湖北叢書本、叢書集成初編本作「韡」。

而綦組綬。」《鹽鐵論》云：『子思銀佩。』」

元按：《釋名》云：〔註8〕「佩，倍也。言其非一物，有倍二也。」君子居喪則去佩，君在不佩玉。左結佩，右設佩，居則設佩，朝則結佩，齊則綪結佩而爵韠。去喪則無所不佩，《詩》云「雜佩」，是也。其制上有折衝，下有雙璜，中有琚瑀，下有衝牙，貫之以組綬，納之以蠙珠，〔註9〕而其色有白、蒼、赤之辨，其聲有角、徵、宮、羽之應，其仃有采齊肆夏之節，其象有仁智禮樂忠信道德之備，故非僻之心無自入也。然古制佩綬長短無所考見，漢制貴者綟長三尺二寸，卑者綟長三尺。佩之綟曰綟，所以貫玉也。蓋與紳相比矣，豈古制亦若此與？

紺緅飾

邢昺氏曰：「紺，玄色。緅，淺絳色。孔氏云：『一入曰緅。』按《考工記》云：『三入為纁，五入為緅，七入為緇。』《注》云：『染纁者，三入而成，又再染以黑，則為緅。緅，今俗作爵，言如爵頭色也。又復再染以黑，乃成緇矣。鄭司農謂《爾雅》云：一染謂之縓，再染謂之竀，三染謂之纁。凡玄色者，在緅、緇之間，其六入者與？』今孔氏云『一入曰緅』，未知何據。又云緅者，三年練服，則似讀緅為縓。按《檀弓》云：『練衣，黃裏縓緣。』《注》云：『小祥練冠，練中衣。以黃為內，縓為飾，喪服也。』又云紺為齊服盛色者，《說文》云：『紺，帛深青揚赤色。』是紺為青赤色，齊服也，皆不可為領袖緣飾。」

朱子曰：「紺，深青揚赤色，齊服也。緅，絳色。三年之喪，以飾練服者。飾，領緣也。」

許謙氏曰：「按諸書言染色，一入曰縓，再入曰竀，三入曰纁，四入曰朱，五入曰緅，六入曰玄，玄即紺也，七入曰緇。經所謂『不以紺緅飾』者，則齊用玄衣已明。緅在朱玄之間，則自赤漸變黑者。但不知此色本為何用，而決非飾練之縓矣。」

元按：《爾雅》云：「一染謂之縓，再染謂之竀，三染謂之纁。」此三者皆以丹汁染之也。《考工記》云：「三入為纁，五入為緅，七入為緇。」夫《爾雅》與《考工記》皆不言四入、六入之色，然《士冠禮》有朱紘之文，鄭《注》云：「朱則四入者，是更以纁入赤汁而為朱也。」《淮南子》云：「以涅染紺，則黑於涅。」涅即黑色也。纁若入赤汁，則為朱。若不入赤汁而入黑汁，則為紺矣。

〔註8〕云，四庫本作「去」，據湖海樓本、湖北叢書本、叢書集成初編本改。
〔註9〕珠，湖海樓本、湖北叢書本、叢書集成初編本作「蛛」。

若更以此紺入黑汁，則為緅，所謂「五入為緅」是也。紺、緅相類之色，若更以此緅入黑汁，則為玄，是六入為玄。故《士冠禮》注亦云：「玄，六入也。」更以此玄入黑汁，則為緇，是七入而為緇。玄、緇亦相類之色，故禮家每以緇布衣為玄端也。然則紺蓋四入之色，而邢氏、許氏以玄即紺，似謬。

寢衣

孔融氏曰：「今之被也。」

朱子曰：「齊主於敬，不可解衣而寢，又不可著明衣而寢，故別有寢衣，其半蓋以覆足。」

元按：齊寢不以衾，致嚴也，謂之寢衣。其制或與衣相類，但長半以覆足，可寢而不可行，專為齊之寢衣而已，豈可以為今之被哉？

袗絺綌

朱子曰：「袗，單也。葛之精者曰絺，麤者曰綌。表而出之，謂先著裏衣，表絺綌而出之於外，欲其不見體也。《詩》所謂『蒙彼縐絺』是也。」

元按：《墉風·君子偕老章》：「瑳兮瑳兮，其之展也。蒙彼縐絺，是紲袢也。」《注》云：「蒙，覆也。縐絺，絺之蹙蹙者，當暑之服也。」以展衣蒙絺綌而為之紲袢，所以自斂飾也。夫展衣者，禮衣也。禮衣蒙於絺衣之上，則絺衣之內必有中衣以表絺衣也。綌乃粗葛，而縐絺則葛之極細麤者。然《論語》表絺綌，絺綌在外也；《詩》蒙縐絺，〔註10〕縐絺在內也。〔註11〕《說文》云：「袗，玄服也。」若以絺綌染為玄服，即當為表，不宜別有禮衣以蒙之矣。

緇衣羔裘

邢昺氏曰：「中衣、外裘，其色皆相稱。緇衣、羔裘，謂朝服也。」

朱子曰：「緇，黑色。羔裘用黑羊皮。」

元按：朱子謂衣以裼裘，欲其相稱，以單衣加裘上而見其美曰裼，以全衣蒙之曰襲。古者衣裘不欲其文之著，故裼以單衣，故曰「裘之裼也，見美；服之襲也，充美。」「不文飾不裼」，是也。舊注以羔裘為朝服，《詩·鄭風》云：「羔裘如濡。」《注》云：「羔裘，大夫服也。」《檜風》云：「羔裘逍遙。」《注》云：「緇衣羔裘，諸侯之朝服。」《唐風》云：「羔裘豹袪。」《注》云：「君純

〔註10〕 蒙縐絺，湖海樓本作「蒙彼絺縐」，湖北叢書本、叢書集成初編本作「蒙彼縐絺」。

〔註11〕 縐，湖海樓本、湖北叢書本、叢書集成初編本無。

羔，大夫以豹飾也。」夫《鄭風》《唐風》以羔裘刺在位之臣，而《檜風》則大夫賦羔衣以憂其君者，〔註12〕是羔裘乃君臣視朝之通服也。又《鄭風・緇衣》注云：「緇衣，卿大夫居私朝之服。」蓋卿大夫朝君畢，則退而去朝服，惟著羔裘上之緇衣也。又《周禮・司裘》云：「掌大裘，以共王祀天之服。」《注》云：「大裘，黑羔裘。」《玉藻》云：「羔裘豹飾，緇衣以裼之。」《注》云：「卿大夫助祭於君之服。」是緇衣羔裘又為祭服矣。

素衣麑裘

邢昺氏曰：「此在國視朔之服也。卿、大夫、士皆然。其受外國聘享，亦素衣麑裘。」

朱子曰：「麑，鹿子，色白。」

元按：《聘禮疏》云：「諸侯與其臣視朔及行聘禮，皆服麛裘。」但君之麛裘以麛為褎，臣則不敢純如君，用青犴褎，其裼衣，君臣亦有異。若在國視朔，君臣同素衣為裼。若聘禮，君臣同用麛裘，但主君用素衣為裼，〔註13〕使臣則用絞衣為裼。然君臣視朔既可以同裼，而行聘獨不可以同裼乎？《玉藻》注云：「絞，蒼黃之色。」則非可以稱麛色矣。孔子素衣麛裘，蓋用以朝朔，而非行聘也。《玉藻》麑作麛，而《聘禮》注引《論語》亦作麛裘。按《韻書》，麑與麛俱訓鹿子，豈義固可相通與？

黃衣狐裘

邢昺氏曰：「此大蜡息民之祭服。人君以歲事成熟，搜索群神而報祭之，謂之大蜡。又臘祭先祖五祀，因令民得大飲，農事休息，謂之息民。於大蜡之後，作息民之祭，其時則有黃衣狐裘也。大蜡之祭，與息民異，息民用黃衣狐裘，大蜡則皮弁素服，以其大蜡之後始作息民之祭。息民、大蜡同月，其事相次，故連言之耳。《郊特牲》云：『蜡也者，索也。歲十二月，合聚萬物而索饗之也。』皮弁素服而祭，是大蜡之祭用素服也。《郊特牲》又云：『黃衣黃冠而祭，息田夫也。』《注》云：『祭，謂既蜡，臘先祖五祀也。』於是勞農以休息之，是息民之祭用黃衣也。」〔註14〕

元按：《玉藻》云：「狐裘黃衣以裼之。」《注》云：「黃衣，大蜡時臘先祖之服也。」《郊特牲》既云皮弁素服而祭蜡矣，又云「黃衣黃冠而祭，以息田

〔註12〕羔衣，湖北叢書本、叢書集成初編本作「羔裘」。
〔註13〕君，叢書集成初編本作「角」。
〔註14〕是，四庫本作「事」，據湖北叢書本、叢書集成初編本改。

夫」，是蜡祭之後始為息民之祭。息民臘先祖五祀，故謂之臘祭，是黃衣乃臘祭之服也。《月令》云：「孟冬，祈來年於天宗，割祠於公社。」〔註15〕又云：「臘先祖五祀。」夫祈與臘不同，然則皮弁素服而祭，祈來年於天宗者，蜡祭也。黃衣黃冠而祭，臘先祖五祀者，臘祭也。蜡以息老，臘以息民。周蜡於十二月，即夏正建亥之月。《左傳》晉侯以十二月滅虢，遂襲虞。宮之奇曰：「虞不臘矣。」是臘與蜡同月也。然蔡邕《獨斷》乃云：「夏曰嘉平，殷曰清祀，周曰大蜡，漢曰臘。」鄭玄注《月令》「臘先祖五祀」，乃云：「此《周禮》所謂蜡也。」故注《論語》者遂以黃衣狐裘為大蜡息民之祭服，豈知蜡臘祭服不同哉？自秦以建丑之月為臘，而後世因之，遂謂臘曰臘，〔註16〕昧先王息民之禮矣。

褻裘

邢昺氏曰：「此私家所著之裘也。」

元按：許慎《說文》入聲系部有絬字，注引《論語》云：「絬衣長，短右袂。」又《五音篇海》：「絬與褻義不同。絬，堅結也。褻，私服也。」然絬、褻同音，皆思列切，豈慎為音同而誤書耶？夫慎在東漢，與馬融、鄭玄輩不甚相先後，而融、玄注《論語》皆作「褻裘」，不知慎何以獨作「絬衣」也。

狐貉之厚

邢昺氏曰：「狐貉之厚以居，謂在家接賓客之裘也。」

朱子曰：「狐貉毛深溫厚，私居取其適體。」

元按：《豳風》云：「一之日於貉，取彼狐狸，為公子裘。」毛萇《傳》引狐貉之厚以居為證。鄭玄《注》云：「於貉，往搏貉以自為裘也。狐狸以共尊者。」夫書傳多言狐裘，而未嘗言貉裘。據豳人取狐狸為公子裘，取貉自為裘，豈非貉賤而狐貴乎？《說文》云：「狐有三德，其色中和，小前大後，〔註17〕死則首丘。」

敝縕袍

朱子曰：「敝，壞也。縕，枲著也。袍，衣有著者也。」

元按：《玉藻》云：「纊為繭，縕為袍。」鄭玄《注》云：「繭、袍，衣有著之異名也。纊，謂今之新綿。縕，謂今纊及舊絮也。」是縕袍者，乃以纊與

〔註15〕祠，四庫本作「祀」，據湖北叢書本、叢書集成初編本改。
〔註16〕臘，四庫本作「衰」，據湖北叢書本、叢書集成初編本改。
〔註17〕大後，四庫本作「後大」，據湖海樓本、湖北叢書本、叢書集成初編本改。

—278—

舊絮為之，非枲著也。枲，牡麻也。枲著者，用枲捶細以當綿，而著於夾衣之中也。孔安國謂縕為枲著，是異於《玉藻》之縕袍矣。蓋因其與衣狐貉者立，故云縕為枲著，以見其貧而不恥也。《說文》云：「袍，繭也。」注引《論語》云：「衣弊縕袍。」而弊、敝字不同。

褻服

朱子曰：「紅、紫，間色，不正，且近於婦人、女子之服也。褻服，私居服也。言此，則不以為朝祭之服可知。」又曰：「青、黃、赤、白、黑，五方之正色也。綠、紅、碧、紫、駵，五方之間色也。蓋以木之青克土之黃，合青、黃而成綠，為東方之間色。以金之白克木之青，合青、白而成碧，為西方之間色。以火之赤克金之白，合赤、白而成紅，為南方之間色。以水之黑克火之赤，合赤、黑而成紫，為北方之間色。以土之黃克水之黑，合黑、黃而成駵，為中央之間色。」

元按：齊夢龍云：「後世朝祭服綠、服紫、服緋，制度服色盡變於拓跋魏。」〔註18〕杜佑云：「以紫、緋、綠、青為命服，昉於隋帝巡遊之時，〔註19〕而其制遂定於唐。」然夏侯勝謂取青紫如拾地芥，揚雄謂紆青拖紫，則漢時貴官之服已尚青紫，非始於魏與隋也。今考漢制，百官服玄，無服青紫者，豈漢時章服尚玄，而青紫乃貴官燕居之服，非微賤者可得服耶？不然，何勝、雄之致羨也。夫謂紅紫不以為褻服，則當時褻服或有用紅紫者，而孔子獨不用耳。紅紫間色，《禮記注》作「奸色」。

攝齊

朱子曰：「攝，摳也。齊，衣下縫也。《禮》，將升堂，兩手摳衣，使去地尺，恐躡之而傾跌失容也。」

元按：《曲禮》云：「兩手摳衣，去齊尺。」鄭玄《注》云：「齊，裳下緝也。」蓋衣裳對言，則上為衣，下為裳；偏言衣，則可以兼裳。《記》謂摳衣者，乃摳裳也。提挈裳齊，使去地一尺，則可升階，無顛仆之患。《集注》以齊為衣下縫，然齊實裳下縫也。

齊衰

邢昺氏曰：「言齊衰，則斬衰從可知也。」

〔註18〕跋，湖海樓本、湖北叢書本、叢書集成初編本作「拔」。
〔註19〕昉，四庫本作「倣」，據湖海樓本、湖北叢書本、叢書集成初編本改。

朱子曰：「齊衰，喪服。」

元按：喪服有五，斬衰、齊衰、大小功、緦麻是也。惟斬、齊二者謂之衰，〔註20〕其制同，但緝不緝異耳。喪服重極於斬衰，其次莫如齊衰。然齊衰服有三年、杖期、不杖期、五月、三月之異，用布則粗細不同。凡喪服，上曰衰，下曰裳，五服皆同。惟於斬衰二服稱衰者，〔註21〕以其用布當心，長六寸，博四寸，謂之衰。此斬衰、齊衰所由稱也。《儀禮·喪服篇》載齊衰之制，疏衰裳齊，牡麻絰，冠布纓，削杖，布帶，疏屨。三年者，期者，不杖麻屨者，無受者。子夏《傳》云：「齊者何？緝也。牡麻者，枲麻也。疏屨者，藨蒯之菲也。齊衰之絰，斬衰之帶也。大功之絰，齊衰之帶也。」《喪服》又云：「凡衰，外削幅，裳內削幅，幅三衻。齊衰四升，其冠七升。以其冠為受，受冠八升。」《注》云：「齊衰正服五升，其冠八升。義服六升，其冠九升也。」視斬衰三升，冠六升，粗細有間矣。

凶服

孔安國氏曰：「凶服，送死之衣物。」

元按：凶服，說者多以為居喪之服，是與上文齊衰相似，故《集注》但云衰有喪，而不明言為何凶服也。孔氏以為送死之衣物，即《士喪禮》所謂斂衾、角柶、君襚、庶襚、〔註22〕鬠笄、弁帶、布巾、掩練、瑱、纊、幎緇、握、決、綦絇、襲衣、散衣之屬，與《雜記》所謂子羔之襲，魯人之贈，皆凶服之類也。或曰：凶服者式之，式負版者，謂斬衰、齊衰之服後有負版。孔子式凶服，式其有負版者耳。此說載於《玉唾壺》，與舊注異。

繈

朱子曰：「繈，織縷為之，以約小兒於背者。」

元按：包咸云：「負者以器曰繈。」然繈字從衣，非器也。《博物志》云：「繈，織縷為之，廣八寸，長二尺，以約小兒於背上。」邢昺《疏》云：「長丈二尺。」

左衽

朱子曰：「衽，衣衿也。被髮左衽，夷狄之俗也。」

〔註20〕齊，四庫本作「衰」，據湖北叢書本、叢書集成初編本改。
〔註21〕斬衰二服，當作「斬齊二服」。
〔註22〕君襚庶襚，四庫本作「君隧庶隧」，據湖北叢書本、叢書集成初編本改。

元按：衽有二義，一為衽席之衽，《禮記》云「請衽何趾」，又云「玉府衽席」，《儀禮》云「御衽於奧」，《中庸》云「衽金革」，是也。故朱子《中庸集注》云：「衽，席也。」然衽從衣，而以為席者，蓋席緣以帛耳。其一為襟衽之衽，《史》云「楚必斂衽而朝」，又云「連衽成帷」，〔註23〕與此左衽是也。衽本衣衿，然《集韻》以衽為裳際，而《通義》又以衿為衣帶，俱非。蓋衿與襟同。襟，胸衣也。中夏胸衣掩幅向右，惟夷俗向左，故謂之左衽。

論語類考卷十八

〔註23〕惟，湖海樓本作「惟」。

.

論語類考卷十九

器具考

木鐸

邢昺氏曰：〔註1〕「木鐸，金鈴木舌，施政教時所振也。」

朱子曰：「木鐸，金口木舌，施政教時所振以警眾者也。」

元按：金鐸、木鐸，其體皆以金為之，而舌有金、木之異。金舌謂之金鐸，木舌謂之木鐸。邢謂「木鐸，金鈴木舌」，而朱子則謂「金口木舌」者，蓋鐸音出於口。《說文》云：「鐸，大鈴也。」是鐸乃鈴之別名，木鐸乃金口木舌之鈴也。《釋名》云：「鐸，度也，號令之限度也。」鄭玄云：「文事奮木鐸，武事奮金鐸。」故金鐸惟司馬行軍執之，而木鐸之用最廣。《禮記‧檀弓》云：「執木鐸以徇於宮。」《明堂位》云：「振木鐸於朝。」《月令》云：「仲春，奮木鐸以令兆民。」《尚書‧胤征》云：「每歲孟春，遒人以木鐸徇於路。」《周禮‧小宰》云：「正歲，觀治象之法，徇以木鐸。」《小司徒》云：「正歲，觀教象之法，徇以木鐸。」《小司寇》云：「正歲，觀刑象，令以木鐸。」《宮正》云：「春秋以木鐸修火禁。」《司烜》云：「中春，以木鐸修火禁於國中。」《鄉師》云：「凡四時之徵令有常者，以木鐸徇於市朝。」《士師》云：「掌國五禁之法，皆以木鐸徇之於朝。」夫《檀弓》之木鐸徇於宮，所以示祔禮也；《明堂位》之木鐸振於朝，所以示禘禮也；《月令》之仲春奮木鐸，所以儆婚禮也；《胤征》之遒人，宣令之官，所以敷治教者也。《周禮》之小宰、宮正，治官之屬也；小司徒、鄉師，教官之屬也；小司寇、士師、司烜，刑官之屬

〔註1〕氏，四庫本無，據湖北叢書本、叢書集成初編本補。

也。刑以弼教，教以明禮，禮以出治，此之謂文事也，故皆用木鐸焉。然則樂舞有木鐸、金鐸者，亦以象文武而已。馬端臨云：「木鐸振文事，在帝王天子則行而為政，在元聖素王則言而為教。」天將以夫子為木鐸，豈非言而為教者與？

權

包咸氏曰：「權，秤也。」

朱子曰：「權，秤錘也，所以稱物而知輕重者也。」

輔廣氏曰：「權與物鈞而生衡，而銖兩斤鈞皆著於衡。〔註2〕物加於衡之首，而權移於衡之尾，所以能知其輕重也。」

元按：《虞書》言量衡而不言權，孟軻言權度而不言衡。衡者，平也；權者，重也。衡以任權，而鈞物平輕重也。其在天曰玉衡，以其斟酌七政也。《漢志》云：「權者，銖、兩、斤、鈞、石也。本起於黃鐘之重，一龠容千二百黍，重十二銖。兩之為兩，二十四銖為兩，十六兩為斤，三十斤為鈞，四鈞為石。銖者，殊也。物由微至著，可殊異也。兩者，兩黃鐘之重也。二十四銖而為兩，二十四氣之象也。斤者，明也。三百八十四銖而為斤，《易》爻之象也。鈞者，均也。萬有一千五百二十銖而為鈞，與萬物之數均也。一鈞三十斤者，一月之象也。石者，大也，權之大者也。一石四鈞，四時之象也。百二十斤，十二月之象也。千九百二十兩，陰陽之數也。銖、兩、斤、鈞、石，而五權謹矣。權與物鈞而生衡，衡運生規，規圓生矩，矩方生繩，繩直生準，準正則衡平而權鈞矣。是為五則。」又《小爾雅》云：「二十四銖曰兩，兩有半曰捷，倍捷曰舉，倍舉曰鋝，鋝謂之鍰，二鍰有四兩謂之斤，斤十謂之衡，衡有半謂之秤，秤十五斤，秤二謂之鈞，鈞四謂之石，石四謂之鼓。」《詩》云「秉國之鈞」，言持國之權衡也。孔子所謂未可與權者，蓋借權衡以明時措之宜耳。夫常變時也，可以安常，可以通變，與時推移，未嘗執一，而輕重適中者，權也。非謂權濟變，經守常也。以經權分常變，無乃以禪受征伐為二道耶？

量

朱子曰：「量，斗斛也。」

馮奇之曰：「不知量，謂斛、斗、升、合大小不同也。」

元按：《家語》云：「黃帝設五量。」《明堂位》云：「周公頒度量。」《漢

〔註2〕著，叢書集成初編本作「箸」。

志》云：「量者，龠、合、升、斗、斛也，所以量多少也。本起於黃鐘之龠，用度數審其容，以子穀秬黍中者千有二百實其龠，以井水準其概，十龠為合，十合為升，十升為斗，十斗為斛，而五量嘉矣。其法，用銅方尺而圜其外，旁有庣焉，其上為斛，其下為斗。左耳為升，右耳為合。」又《孫子算術》云：「六粟為圭，十圭為抄，十抄為撮，十撮為勺，十勺為合。」應劭云：「圭者，自然之形，陰陽之始。四圭為撮。」孟康云：「六十四黍為圭。」是應、孟圭數與孫子不同。又祖沖之以算術考黃鐘之斛，當徑一尺四寸二分六釐一毫九杪二忽，〔註3〕庣旁一分九釐有奇。劉歆則庣旁少一釐四毫有奇，是歆與沖之庣數亦不同矣。《漢書》云：「白緯象平，考量以銓。」《注》云：「量，斗斛；銓，權衡也。」《呂氏春秋》云：「仲春日夜分，則同度量，鈞衡石，正權概。仲秋日夜分，則一度量，平權衡，齊斗甬。」〔註4〕《管子》曰：「準者，五量之宗也。」《論語》稱武王謹權量，審法度；《書》稱舜巡狩，同律度量衡。律者，黃鐘之數。《集韻》云：「律，法也。」蓋武王之法度權量，即舜之律度量衡也。但漢儒注《論語》，以法度為車服旌旗之禮儀，故朱子以為禮樂制度。若然，則權量非制度乎？況法度曰審，則謂致審於音尺之間云爾。

釜

馬融氏曰：「六斗四升曰釜。」

元按：《集韻》：「釜，一作鬴。」《考工記》云：「㮚氏為鬴，深尺，內方尺而圜其外，其實一鬴。其臀一寸，其實一豆。其豆三寸，其實一升，重一鈞。其聲中黃鐘之宮，概而不稅。其銘曰：時文思索，允臻其極。嘉量既成，以觀四國。永啟厥後，茲器維則。」鄭玄《注》云：「四升曰豆，四豆曰區，四區曰鬴。鬴，六斗四升。」是鬴即釜也。《地官·廩人》：「掌九穀，凡萬民之食，人四鬴，上也。」《陶人》「甗實一鬴」是也。又《左傳》昭公三年，齊晏子曰：「齊舊四量，豆、區、釜、鐘。四升為豆，各自其四，以登於釜。釜十為鐘。陳氏三量，皆登一焉，鐘乃大矣。」杜預《注》云：「釜，六斗四升。鐘，六斛四斗。」古之斛，今之石也。〔註5〕陳氏登一，謂加舊量之一，以五升為豆，五豆為區，五區為釜，則一釜容舊量之八斗矣。

〔註3〕杪，四庫本作「抄」，據湖海樓本、湖北叢書本、叢書集成初編本改。
〔註4〕斗甬，四庫本作「升角」，據湖海樓本、湖北叢書本、叢書集成初編本改。
〔註5〕今，湖海樓本作「金」。

庾　秉

包咸氏曰：「十六斗曰庾。」

馬融氏曰：「十六斛曰秉，五秉合為八十斛。」

元按：《聘禮》云：「十斗曰斛，十六斗曰籔，〔註6〕十籔曰秉，四秉曰筥，十筥曰稯，十稯曰秅，四百秉為一秅。」鄭玄《注》云：「江淮之間，量名有為籔者。古文籔，今文逾也。」又《集韻》作匬，《注》云：「匬，器，受十六斗。」是庾也、籔也、逾也、匬也，乃字書之轉耳，其義一也。《小爾雅·廣量篇》云：「一手之盛謂之溢，兩手謂之掬，掬四謂之豆，豆四謂之區，區四謂之釜，釜二有半謂之籔，籔二有半謂之缶，缶二謂之鍾，鍾二謂之秉。秉，十六斛。」是籔即庾，而缶乃四斛，與庾異也。然《國語》云：「季孫以田賦，使冉有訪諸仲尼。仲尼曰：『先王制土，藉田以力而視其遠近，賦里以入而量其有無，任力以夫而議其老幼。其歲收，田一井出稯禾、秉芻、缶米，不是過也。』」《注》云：「此有軍旅之歲所征也。缶者，庾也。十六斗曰庾，十庾曰秉，四秉曰筥，十筥曰稯。稯，六百四十斛。」此以缶為庾，與前四斛之缶不同矣。《周禮·陶人》「庾實二觳」，鄭玄《注》云：「觳受三斗。」又《瓬人》「豆實三而成觳」，鄭玄乃注云：「觳受斗二升。」此與十六斛之庾又不同矣。夫庾與秉皆有二義，一為量名，一為收稼之名。《韓詩外傳》謂曾子仕於莒，得粟三秉，及《論語》之庾、秉，皆量名也。《詩》謂「曾孫之庾」，《注》云：「庾，露積之禾也。」《左傳》謂「取稈一秉」，《詩》謂「彼有遺秉」，《注》云：「秉，刈禾之把也。」《小爾雅·廣物篇》云：「把謂之秉。」此庾、秉非量名也。然則《聘禮》之稯、秅，《國語》之稯、秉，其皆以車載禾之數也與？

斗筲

朱子曰：「斗，量名，容十升。筲，竹器，容斗二升。斗筲之人，言鄙細也。算，數也。」

元按：《集韻》筲與䈭同，一作籍。《說文》云：「籍，〔註7〕飯筥也，受五升。」《方言》云：「筥，秦謂之籍。」又陳留謂飯器為筲，又宋魏謂箸筲為籍，其稱謂雖殊，然皆以為飯器也。蓋古者飲酒以斗，掬飯以筲，孔子所謂斗筲之人，即孟子所謂飲食之人耳。算者，計數之具，以竹為之，長六寸，用以計曆數者也。斗筲其量有限，何必以曆數之具計之哉？

〔註6〕籔，湖海樓本、湖北叢書本、叢書集成初編本作「藪」。下同，不出校。

〔註7〕籍，湖海樓本、湖北叢書本、叢書集成初編本作「筲」。

六尺

孔安國氏曰：「六尺之孤，幼少之君。」

鄭玄氏曰：「六尺之孤，年十五以下者。」

元按：《周禮·鄉大夫》：「各掌其鄉之政教，國中自七尺以及六十，野自六尺以及六十有五，皆征之。」孔穎達《疏》云：「國中自七尺以及六十者，七尺謂年二十。《韓詩外傳》謂二十行役，則知七尺年二十也。野自六尺以及六十有五者，六尺謂年十五。以其國中七尺為二十對六十，野云六尺對六十五，晚校五年，則知六尺與七尺早校五年，故以六尺為十五也。」今鄭謂「六尺之孤，年十五以下者」，〔註8〕言幼少之君雖不及十五，亦可以寄託，非謂六尺可通乎十五以下，而十四、十三皆稱六尺也。然則五尺之童，視六尺又少五年矣。

數仞

朱子曰：「七尺曰仞。」

元按：仞與牣同。《周書》云：「為山九仞。」孔安國《注》云：「八尺曰仞。」鄭玄《注》云：「七尺曰仞。」朱子於《論語》夫子之牆數仞，注云：「七尺曰仞。」又於《孟子》掘井九軔，則注云：「八尺曰仞。」蓋兩存孔、鄭之說也。今考《周禮·匠人》：「為溝洫，廣四尺，深四尺，謂之溝。廣八尺，深八尺，謂之洫。廣二尋，深二仞，謂之澮。」蓋其為溝、洫、澮，皆加一倍之數。尋，八尺也，仞亦八尺也。度修廣則計之以尋，度高深則計之以仞，是澮之廣與深各一丈六尺。以此觀之，則孔說為是。故王肅注《家語》，顏師古注《漢書》，皆云八尺為仞也。

簞

孔安國氏曰：「簞，笥也。」

朱子曰：「簞，竹器。」

元按：《曲禮》云：「圓曰簞，方曰笥。」是簞與笥方圓異矣。孔《注》以簞為笥，蓋笥、簞皆竹器，舉彼以明此也。《漢·律令》云：「簞，小筐也。」《集韻》云：「簞、笥，小篋也。」《說文》云：「簞，飯器也。」簞食者，古人以簞盛食，趙宣子見翳桑餓人，與之簞食是也。

瓢

朱子曰：「瓢，瓠也。」

〔註8〕孤，四庫本作「幼」，據叢書集成初編本改。

　　元按：瓢與瓠不同。《集韻》瓠亦作壺，又音互。瓢、瓠皆以匏為之，蓋全用匏而竅其蒂者為瓠，剖匏而用其半者為瓢，是瓢與瓠異矣。《詩》云：「八月斷壺。」《注》云：「壺，瓠也。」《傳》云：「簞食壺漿。」夫以壺盛漿，取其不滲漏耳。顏子所飲之瓢，乃剖匏而成者，蓋貧賤者之所用也。惠子謂莊子曰：「魏王貽我大瓠之種，我樹之成，而實五石，剖以為瓢，濩落無所容。」《爾雅》云：「康瓠謂之甈。」賈誼所謂「寶康瓠」是也。《通俗文》云：「瓠瓢為蠡。」《方言》云：「蠡，陳、楚、宋、魏之間謂之瓢。」《楚辭·九歎》云：「瓠蠡笙籲。」是蠡即瓢也。東方朔《客難》所謂「以蠡測海」，是也。

觚

　　馬融氏曰：「觚，禮器，一升曰爵，二升曰觚。」

　　朱子曰：「觚，棱也。或曰酒器，或曰木簡，皆器之有棱者也。」

　　元按：《儀禮》云：「二爵、二觚、四觶、一角、一散。」《禮器》云：「貴者獻以爵，賤者獻以散，尊者舉觶，卑者舉角。」鄭玄《注》云：「凡觴，一升曰爵，二升曰觚，三升曰觶，四升曰角，五升曰散。」孔穎達《疏》云：「二升曰觚。觚，寡也，飲當寡少也。」據此，則觚為二升矣。《考工記》云：「梓人為飲器，勺一升，爵二升，觚三升。獻以爵而酬以觚，一獻而三酬，則為一豆。」《韓詩外傳》亦云：「三升曰觚。」《博古圖》云：「觚，口容一爵，足二爵。」《說文》云：「觚者，鄉飲酒之爵也。觴受三升者，謂之觚。」據此，則觚又為三升矣。觚亦祭器。秦使蒙恬築城，祭之以觚，有鶉飛止觚上，因以名縣，《周地圖記》所謂鶉觚縣，是也。觚有四足，漢之宮闕放之以為角，《文選》所謂「上觚稜而棲金雀」，是也。足有四象，《禮》所謂象觚，是也。《三禮圖》云：「觚銳上方足，漆赤中，青雲飾，小其尾。」此所稱觚，皆酒器也。《論衡》云：「文王飲酒千鍾，孔子百觚。言聖人以德持酒也。」或曰木簡者，史游《急就章》云「急就奇觚與眾異」，陸士衡《文賦》云「或操觚而率爾」，《太平御覽》云：「觚，木簡有棱角者。」是也。楊慎《丹鉛續錄》云：「孔子所歎之觚，乃酒器而非木簡。蓋以觚為簡，起於秦、漢以後，孔子未嘗見。又酒觚可削而圓，木簡不可削而圓也。」愚謂不然。古之木簡方而厚，非今薄版也。顏師古云：「觚者，學書之牘，或以記事。削木為之，或六面，或八面，面皆可書。」其形有稜，故頓置穩也。削而為圓者，欲周旋書之耳。《史記》所謂「破觚而為圓」者是也，安得謂木簡不可削而圓哉？

籄

包咸氏曰：「籄，土籠也。」

元按：《集韻》云：「籄，一作蕢，如筐簍之類，所以運土。」《尚書‧旅獒》云：〔註9〕「功虧一簣。」鄭玄《注》云：「籄，盛土器。」是也。

蕢

朱子曰：「蕢，草器也。」

元按：《說文》云：「臾，草器。」又引《論語》云「有荷臾而過孔氏之門」。〔註10〕是古《論語》蕢作臾也。又《集韻》作虆。

蓧

包咸氏曰：「蓧，竹器也。」

元按：包氏以蓧為竹器，朱子《集注》從之。然蓧字從草從條，則非竹器矣。《周禮‧條狼氏》注云：「條，除也。」與滌同。蓧從條，蓋除草之器。故《說文》云：「蓧，芸田器也。」引《論語》「以杖荷蓧」為證。然則丈人植其杖而芸者，是立其荷蓧之杖，而即以其所荷之蓧芸田耳。《說文》蓧作莜，《注》云：「從省文。」

鞭

朱子曰：「策，鞭也。」

元按：《集韻》云：「鞭，馬策也。」《說文》云：「策，馬箠也。」《初學記》云：「鞭、策、箠，皆馬撾之名。」古者用革以扑罪人，以辟行人，亦因以驅馬，故鞭文從革。《書》云「鞭作官刑」，《周禮》云「執鞭辟行」，此施於民者也。《傳》云「左執鞭弭」，又曰「雖鞭之長，不及馬腹」，此施於馬者也。其後以竹代革，故策、箠二文並從竹，蓋因驅策、箠擊之義以立名耳。《禮記》所謂「獻車馬者執策綏，君車將駕，則僕執策立於馬前」，是也。《左傳》謂孟之反抽矢策其馬，曰「馬不進也」，則是以矢擊其馬，非以鞭，非以箠矣。

席

元按：《集韻》云：「席，薦。」席又藉也。《釋名》云：「席，釋也，可卷可釋也。」《禮》，天子、諸侯席有黼黻純飾。《尚書》云：「成王將崩，牖間南

〔註9〕尚，湖海樓本無。
〔註10〕氏，四庫本作「子」，據湖海樓本、湖北叢書本、叢書集成初編本改。

－289－

嚮，敷重筱席，黼純。西序東嚮，敷重厎席，綴純。東序西嚮，敷重豐席，畫純。西夾南嚮，敷重筍席，玄紛純。」《說文》云：「筵，竹席也。」《三禮圖》云：「士蒲筵，長七尺，廣三尺三寸，無純。」《周禮·玉府》云：「掌王之衽席。」又《司几筵》：「掌五几五席之名物。」《儀禮·公食大夫禮》云：「司宮具几，與蒲筵常，緇布純，加萑席尋，玄帛純。」鄭玄《注》云：「丈六尺曰常，半常曰尋。純，緣也。」孔穎達《疏》云：「席無異物為記，但織之者自有首尾，可為記識耳。陳饌之時，正饌在左，庶饌在右。陳饌雖不在席上，皆陳於席前，當席左右，其間容人，故謂之長筵。」群居則可同席聯坐，故《曲禮》云：「坐不中席。」又云：「群居五人。」則長者必異席，是席可同坐四人也。若賓主禮席，則無同坐之制，故《鄉飲酒禮》云：「賓介異席。」又云：「眾賓之席，皆不屬焉。」此燕會之席也。《燕禮》及《大射禮》云：「公席三重，大夫再重。」其常禮，則天子席五重，諸侯三重耳。席依戶牖而設，與宮室相向。有優者，側席而坐。有喪者，專席而坐。南向北向，以西方為上。東向西向，以南方為上。故曰：「席不正不坐。」又曰：「必正席先嘗。」凡坐皆有席，故師冕及席，子曰：「席也。」

杖

孔安國氏曰：「杖者，老人也。」

元按：《集韻》云：「杖，所以扶行也。」《王制》云：「五十杖於家，六十杖於鄉，七十杖於國，八十杖於朝。」《曲禮》云：「必賜几杖。」《周禮》云：「共其杖函。」是也。鄉黨尚齒，其飲酒之禮，視杖者以為節。子路遇丈人，以杖荷蓧，謂之丈人，其年可知。子路之拱立，固亦敬杖者之禮哉。

負版

孔安國氏曰：「負版者，持邦國之圖籍。」

元按：《周禮·天官·小宰》云：「聽閭里以版圖。」《注》云：「版，戶籍。圖，地圖也。」又《司會》云：「凡在書契版圖者，逆群吏之治，而聽其會計。」《注》云：「版，戶籍。圖，土地形象、田地廣狹也。」又《司書》云：「邦中之版，土地之圖，以周知出入百物。」《疏》云：「版圖，即《司會》版圖也。」又《秋官·司民》云：「掌登萬民之數，自生齒以上，皆書於版，異其男女，歲登下其死生。及三年，大比，以萬民之數詔司寇，司寇獻其數於王，王拜受之，登於天府。」《注》云：「男八月、女七月而生齒。版，今戶籍也。」夫圖

與籍不同，朱子注《論語》，〔註11〕從孔氏之說，以版為圖籍。然版可以言籍，而不可以兼圖也。

桴

馬融氏曰：「桴，編竹木，大者曰栰，小者曰桴。」

朱子曰：「桴，筏也。」

元按：《爾雅》云：「舫，泭也。」郭璞《注》云：「泭，水中箄筏。」《爾雅》又云：「天子造舟，諸侯維舟，大夫方舟，士特舟，庶人乘泭。」郭璞《注》云：「泭，並木以渡。」孫炎《注》云：「舫，水中泭筏也。」《方言》云：「泭謂之箄，箄謂之筏。筏，秦、晉之通語也。」《詩》云：「江之永矣，不可方思。」毛《傳》云：「方，泭也。」蓋方、舫、泭、桴，音義同也。〔註12〕近見擊汰雅書云：「楚人編竹木曰泭，秦人曰撥。」泭又謂箄。江淮家居箄中，謂之薄。箄音敷，薄音符，是皆桴音之轉耳。邢昺亦云：「桴，竹木所編小筏也。」夫孔子語子路以浮海，若乘竹木之小筏，子路何喜於從哉？《說文》云：「桴，海中大船也。」似是。

弋

朱子曰：「弋，以生絲繫矢而射也。」

元按：《周禮·司弓矢》云：「矰矢、茀矢，用諸弋射。」《注》云：「結繳於矢謂之矰。矰，高也。茀矢象焉。茀之言刜也。矰矢，弓所用；茀矢，弩所用，皆以繳射也。」邢昺云：「繳射，謂以繩繫矢而射。」《說文》云：「繳，生絲為繩也。」《詩》云「弋鳧與雁」，《孟子》云「思援弓繳而射之」，是弋射飛鳥也。《易》云「公弋取彼在穴」，是射獸亦可稱弋也。孔穎達云：「結繩於矢，以弋射鳥獸。」是也。弋者，取也，故《書》云「非我有周敢弋殷命」。

博弈〔註13〕

朱子曰：「博，局戲也。弈，圍棋也。」

元按：《說文》博作簙，局戲也，六箸十二棋也。古者烏曹作簙。〔註14〕邢昺云：「圍棋謂之弈。棋者，所執之子，以子圍而相殺，故謂之圍棋。圍棋稱弈者，取其落弈之義也。」又陶侃云：「博，紂所造也。」張華《博物志》

〔註11〕朱，四庫本作「未」，據湖海樓本、湖北叢書本、叢書集成初編本改。
〔註12〕義，四庫本作「本」，據湖海樓本、湖北叢書本、叢書集成初編本改。
〔註13〕弈，四庫本作「奕」，據湖北叢書本、叢書集成初編本改。下同，不出校。
〔註14〕烏曹，四庫本作「鳥曾」，據湖海樓本、湖北叢書本、叢書集成初編本改。

－291－

云：「堯造圍棋以教丹朱。」《傳》云：「象棋有六博。」《漢書》云：「吾丘壽王善格五。」《注》云：「格五，博類也。」亦謂之塞，莊周所謂「博塞以遊」是也。然古之博與今之象戲不同。晁無咎云：「象戲，戲兵也。以三十有二棋為兩軍，而博則十二棋耳。」

縲紲

孔安國氏曰：「縲，黑索也。紲，攣也。所以拘罪人。」

元按：古者稱罪人，不曰在獄中，而曰在縲紲之中，亦當時恒言耳。紲一作絏。《左傳》云：「越石父賢而在縲絏之中。晏子出，遭之塗，解左驂贖之，載與歸。弗謝，入閨。久之，越石父請絕。晏子懼然，攝衣冠出，曰：『嬰免子於難，何子求絕之速？』石父曰：『君子詘於不知己，而伸於知己。方吾在縲絏之中，彼不知我也。夫子既感悟而贖我，是知己矣。知己而無禮，不如在縲絏之中。』晏子於是延入為上客。」公冶長之賢，豈下越石父哉？漢儒謂長能解禽語，故繫之縲紲。此言不經，君子不論焉。

論語類考卷十九

論語類考卷二十

鳥獸考

鳳凰

孔安國氏曰：「聖人受命，則鳳鳥至。」

朱子曰：「鳳，靈鳥，舜時來儀，文王時鳴於岐山，聖王之瑞也。」

元按：《說文》云：「鳳，神鳥也。」《孔演圖》云：「鳳，火精也。」《毛詩草蟲經》云：「雄曰鳳，雌曰凰。」《禮器》云：「升中於天而鳳凰降。」《禮運》云：「鳳以為畜，故鳥不獝。」《援神契》云：「德至鳥獸，則鳳凰來。」《帝王世紀》云：「帝嚳擊磬，鳳凰舒翼而舞。」〔註1〕《外史》云：「少昊氏立，有鳳鳥適至，故以鳥名官，有鳳鳥氏。」又云：「黃帝時，鳳凰巢阿閣。」是鳳為瑞鳥，不特舜、文時至中國也。天老云：「鳳象，麟前鹿後，蛇頭魚尾，龍文龜背，燕頷雞喙，五色備舉。」《韓詩外傳》云：「鳳，雞冠鸞喙，蛇頭龍胼，鶴翼魚尾，鴻前麟後，鶴顙鴛鴦臆，龜目而中注。」《世紀》又云：「鳳，鳥頭燕喙，龜頸龍形，〔註2〕麟翼魚尾，〔註3〕其狀如鶴，體備六色。」《白孔六帖》云：〔註4〕「鳳有六象、九苞。六象者，頭象天，目象日，背象月，翼象風，足象地，尾象緯也。九苞者，一曰歸命，二曰心合度，三曰耳聰達，四曰舌屈伸，五曰彩色光，六曰冠短州，七曰銳鉤，八曰音激揚，九曰腹戶也。鳳之鳴，行鳴曰歸嬉，止鳴曰提扶，夜鳴曰善哉，晨鳴曰賀世，飛鳴曰即都。」

〔註1〕舞，湖海樓本作「無」。
〔註2〕龍形，湖北叢書本、叢書集成初編本作「麟形」。
〔註3〕麟翼，湖北叢書本、叢書集成初編本作「龍翼」。
〔註4〕六，叢書集成初編本作「白」。

漢太史令蔡衡云：「凡鳳象者五，五色而赤多者鳳，黃多者鵷雛，紫多者鸑鷟，青多者鸞，白多者鵠。」《家語》云：「羽蟲三百六十，而鳳為之長。」《瑞應圖》云：「鳳，王者之嘉祥也，負信、戴仁、挾義、膺文、苞智，不喙生蟲，不折生草，不群居，不侶行，上通天維，下集河洛，明治亂，見存亡，此鳳之德也。」孔子之德猶鳳也，適楚而接輿以鳳衰譏之，蓋知鳳而不知孔子者也。孔子以鳳之隱見占道之行否，故曰：「鳳鳥不至，吾已矣夫。」傷之也，至也者，自彼適此之謂也。鳳鳥不至，豈鳳鳥固有所產而未至乎？天老云：「鳳出於東方君子之國，見則天下安寧。」逸《論語》云：「子欲居九夷，而從鳳嬉。或曰：陋。子曰：『君子居之，何陋之有？』」故《六帖》云：「孔子欲居九夷，從鳳，鳳遇亂則居夷狄也。」〔註5〕然則孔子遇亂而欲居九夷，豈真從鳳也與？

雉嗅

晁說之氏曰：「石經嗅作戛，謂雉鳴也。」

元按：《書》云：「高宗肜日，〔註6〕越有雊雉。」《詩》云：「雉之朝雊，尚求其雌。」又云：「有鷕雉鳴。」《月令》云：「季冬，雉始雊。」是雉鳴曰雊，而鷕者其聲也，何嘗以雉鳴為戛哉？《篇海》云：「嗅，鼻審氣也。」故邢氏以為三嗅其氣而起者，從何晏之注也。《春秋運斗樞》云：「機星散為雉。」《左傳》郯子云：〔註7〕「少昊之立，以鳥名官，丹鳥氏司閉，五雉為五工正。」杜預《注》云：「丹鳥，鷩雉。五雉，雉有五種。」《爾雅》云：「南方曰翟，東方曰鷂，北方曰鷸，西方曰鷝，伊洛而南曰翬。」是也。《爾雅》又云：「秩秩，海雉。鸐，山雉。」然則山梁雌雉，其名鸐者與？師曠《禽經》云：「首有彩毛曰山雉。」張華《注》云：「山雉長尾，不入鬱林，恐傷其尾。雨則避岩下，恐濡濕也。」〔註8〕《傳》云：「孔子去魯，作《雉嚘》之歌。」楊慎云：「孔子睹雉之飛鳴，歡曰：『時哉時哉！』因為《雉嚘》之歌也。」揚子《法言》云：「孔子去魯而雉嚘。」《注》云：「雉嚘，猶梁鴻《五噫》之類，歌歡之聲也。」《史記》及《家語》載孔子去魯，歌曰：「彼婦之口，可以出走。」此即《雉嚘》之歌。唐人所謂「聆鳳衰於接輿，歌雉嚘於桓子」，是也。雉有耿介之節，《周禮·春官》士執雉，《儀禮》士相見之贄各用雉，《注》云：「取

〔註5〕鳳，叢書集成初編本作「凰」。
〔註6〕肜，湖海樓本、叢書集成初編本作「彤」。
〔註7〕郯，四庫本作「剡」，據湖海樓本、湖北叢書本、叢書集成初編本改。
〔註8〕濕，湖北叢書本、叢書集成初編本作「溼」。

其交際有時。」是也。雉有文明之象，《易》云「離為雉」，《書》云「華蟲」，
是也。《呂氏春秋》云：「子路掩雉而復釋之。」《注》云：「不欲夭物，故釋之
也。」是三嗅非審氣之說矣。

玄牡

孔安國氏曰：「殷家尚白，〔註9〕未變夏禮，故用玄牡。」

元按：玄牡，黑牡也。〔註10〕《檀弓》云：「夏后氏尚黑，戎事乘驪，牲
用玄。殷人尚白，戎事乘翰，牲用白。周人尚赤，戎事乘騵，牲用騂。」鄭玄
云：「戎，兵也。馬黑色曰驪，白色曰翰，赤色曰騵。玄，黑類。騂，赤類也。」
《禮緯》云：「天命以黑，故夏有玄圭；天命以赤，故周有赤雀銜書；天命以
白，故殷有白狼銜鉤。」夫緯家之言，雖不足據，然三代迭更服色，則革命之
政所必有者。然湯之誓師伐桀，用玄牡以告皇皇后帝；而武王誓師伐紂，亦類
於上帝，宜於冢土。豈《泰誓》之時，周制未定，亦用殷之白牲乎？無所考也。

騂角

朱子曰：「犁，雜文。騂，赤色。周人尚赤，牲用騂，角周正，中犧牲也。」

元按：《集韻》：「犁與黧通，黑黃色也。」周祭用騂。《周禮·牧人》：「掌
六牲，凡陽祀用騂牲。」《洛誥》云：「王在新邑，烝祭歲，文王騂牛一，武王
騂牛一。」《魯頌》云：「皇祖后稷，享以騂犧。」又云：「白牡騂剛，犧尊將
將。」《注》云：「騂剛，魯公之牲也。白牡，殷牲也。」又《明堂位》云：「殷
白牡，周騂剛。」《注》云：「騂剛，赤色。」謂之角者，祭天地之牛角繭栗，
宗廟之牛角握，社稷之牛角尺，〔註11〕故云中犧牲也。

餼羊

鄭玄氏曰：「牲生曰餼。」

元按：《左傳》哀公十二年，子服景伯謂子貢曰：「侯伯致禮，地主歸餼。」
《注》云：「餼，生物。」又哀公二十四年，晉師乃還，餼臧石牛。《注》云：
「生曰餼。」《聘禮》云：「歸饔餼，餼五牢，飪一牢。」《注》云：「餼，生牲
也。」惟僖公三十三年，皇武子曰：「餼牽竭矣。」《注》云：「牲腥曰餼，牲
生曰牽。」與前注不同者，蓋以餼與牽對言，則牽是牲可牽行，餼是牲已殺者，

〔註9〕家，湖海樓本、湖北叢書本作「冢」。
〔註10〕牡，四庫本作「牲」，據湖海樓本、湖北叢書本、叢書集成初編本改。
〔註11〕社稷之牛角尺，湖海樓本作「稷之牛角也尺」。

故曰「牲腥曰餼」也。以餼與飪對言，則飪是熟肉，餼是生肉也，故曰「牲生曰餼」。

千駟

孔安國氏曰：「千駟，四千匹。」

朱子曰：「駟，四馬也。」

元按：四馬為駟者，一車之用，兩服兩驂也。《周禮·校人》：「頒良馬而養乘之。乘馬一師四圉；三乘為皂，皂一趣馬；三皂為繫，繫一馭夫；六繫為廄，廄一僕夫；六廄成校，校有左右。駑馬三良馬之數，麗馬一圉，八麗一師，八師一趣馬，八趣馬一馭夫。天子十有二閑，馬六種；邦國六閑，馬四種；家四閑，馬二種。」《注》云：「校有左右，則十二廄為十二閑。良馬一種者，百有二十二匹，五種合二千五百六十匹。駑馬三之，則為一千二百九十六匹，合五良一駑，凡三千四百五十六匹。」此天子十二閑之馬數，而齊景公有馬四千匹，是富過天子矣。《記》云：「問國君之富，數馬以對。」若以《司馬法》計之，則天子提封百萬井，戎馬四萬匹，謂之萬乘。諸侯千乘，大夫百乘者，非以廄閑之馬言也。蓋成周之馬，有養於官，有藏於民，如丘甸歲取一馬之制，此藏於民者也。不仰國家芻秣，有事徵召而已。然天子之都，諸侯之國，大夫之家，皆有廄閑以畜馬，此養於官者也。景公之馬，蓋養於官者，然有馬千駟而無德可稱，其與衛文公騋牝三千，而詩人致詠者異矣。君子之垂名後世也，誠不以富哉。

十乘

朱子曰：「十乘，四十匹也。」

元按：鄭眾云：「四匹為乘。」邢昺曰：「古者以四馬駕一車，故謂四馬為乘也。」陳文子有馬十乘，此亦自養之馬，非采邑所出者。如鄭西宮之亂，子國為盜所殺，子產以車十七乘出討賊。子產為大夫，乃百乘之家，若徵馬於郊野之間，盜賊卒至，何以得集？所謂十七乘之馬，皆其養之於家者也。許謙云：「周制，大夫四閑、一良、三駑，則八百六十四匹，掌牧者六百八十三人。」然大國之卿四大夫祿，其田不過三千二百畝，上農夫可食二百八十八人而已。祭祀、服御、賓客之需，皆出於此，固不能全以養馬供牧也。今畜馬八百六十四匹，而牧者六百八十三人，何以給之哉？然許氏不知周制所謂大夫四閑者，乃天子之大夫，授地視侯伯者也。若侯國之大夫，則如陳文子十乘，亦謂之富，豈有四閑之馬哉？

兕

朱子曰：「兕，野牛也。」

元按：《爾雅》云：「兕，野牛。」郭璞《注》云：「一角，青色，重千斤。」《交州記》云：「兕，一角，長三尺餘，形如馬鞭柄。」《說文》云：「兕，如野牛，青色，其皮堅厚，可製鎧。」夫謂之如野牛，則兕非野牛矣。《小雅》云：「匪兕匪虎，率彼曠野。」〔註12〕是虎、兕本曠野之物，而置之柙中，非有典守之人，豈能保其不出柙哉？兕，猛獸也。古人飲酒，以其角為觥，寓戒意焉。兕有水陸二種。《戰國策》云：〔註13〕「楚王遊於雲夢，有狂兕忽至，王彎弓而射之。」此陸兕也。《論衡》云：「師尚父為周司馬，伐紂，渡孟津，杖鉞把旄，號其眾曰蒼兕。夫蒼兕，水中之獸，善覆人舟。」此水兕也。

虎豹

孔安國氏曰：「皮去毛曰鞟。虎豹與犬羊別，以毛文異耳。」

元按：《易》云：「大人虎變，其文炳也。君子豹變，其文蔚也。」是虎豹之毛有文者也。《玉藻》云：「犬羊之裘不裼。」《注》云：「質略無文飾。」是犬羊之毛無文者也。鞟譬則質，毛譬則文，虎豹譬則君子，犬羊譬則野人。〔註14〕子貢之意主於文，故曰「虎豹之鞟，猶犬羊之鞟」。然君子之質，自與野人不同，虎豹犬羊之鞟，豈真無辨哉？又虎皮謂之皋比，愚竟莫曉其義。朱子贊橫渠云「勇撤皋比」，蓋以虎皮為講席也。然唐時戴叔倫詩云：「猊座翻蕭索，皋比喜接連。」是以皋比為講席，唐時已然矣。以猊座對皋比，則比與皮音義當同。《藝林伐山》云：「古以虎皮包弓矢，謂之櫜。」《樂記》云：「包以虎皮，名曰建櫜。」鄭玄《注》云：「兵甲之衣曰櫜。櫜一作皋。」《周禮·地官》云：「宜膏物。」《注》云：「膏當為櫜。」是皋、〔註15〕櫜、膏古字通用。然稱虎皮為皋比，其來久矣。《左傳》莊公十年，夏六月，齊師、宋師次於郎。公子偃自雩門竊出，蒙皋比而先犯之。杜預《注》云：「皋比，虎皮也。」蓋以虎皮蒙馬而先犯之也。是皋比非但可以為講席，乃虎皮之別稱耳，而字義終未能洞然也。

蔡龜

包咸氏曰：「蔡，國君之守龜，出蔡，因以為名焉。長尺有二寸。」

〔註12〕率，湖海樓本作「卒」。
〔註13〕國，叢書集成初編本作「謂」。
〔註14〕犬，四庫本作「大」，據湖海樓本、湖北叢書本、叢書集成初編本改。
〔註15〕皋，四庫本作「膏」，據湖海樓本、湖北叢書本、叢書集成初編本改。

朱子曰：「蔡，大龜也。」

元按：《漢書》云：「元龜為蔡，非四民所得居。」元龜長尺二寸，公龜九寸，侯龜七寸，子、男龜五寸。《家語》漆雕平對孔子云：「臧氏有守龜，其名曰蔡。文仲三年而為一兆，武仲三年而為二兆。」是蔡乃龜之名耳。鄭玄、包咸皆云出蔡地，因以為名，不知何據。又《左傳》臧武仲得罪於魯，出奔邾，使告其兄賈於鑄，且致大蔡焉。賈再拜受龜，乃立臧為為臧氏後。其子昭伯嘗如晉，從弟會竊其寶龜僂句以卜，吉。後季平子立會為臧氏後。會曰：「僂句不余欺也。」《注》云：「僂句，寶龜所出地名。」豈臧氏二龜，一名蔡，一名僂句乎？《周禮·龜人》云：「六龜之屬，各有名物。」蓋龜以徑尺為寶，諸侯以之守國。《易》云「十朋之龜」，是也。大夫藏龜，僭矣。

草木考

五穀

朱子曰：「五穀不分，猶言不辨菽麥爾。」

元按：五穀之稱，見於經傳多矣。鄭玄云：「五穀，麻、黍、稷、麥、豆也。」《月令》云：「春食麥，夏食菽，季夏食稷，秋食麻，冬食黍。」《注》云：「麥屬木，黍屬火，麻屬金，菽屬水，稷屬土。」〔註16〕《周禮·職方氏》：「揚、荊宜稻，青宜稻、麥，雍、冀宜黍、稷，幽宜三種，兗宜四種，豫、并宜五種。」《注》云：「三種，黍、稷、稻也。四種，黍、稷、稻、麥也。五種，黍、稷、菽、麥、稻也。」《汲冢周書》云：「禾、黍居東方，黍居南方，稻居中央，粟居西方，〔註17〕菽居北方。」《越絕書》云：「五穀者，萬民之命，國之重寶。東方麥、稻，西方多麻，北方多菽，中央多禾。」《說文》云：「禾，嘉穀也。木旺而生，金旺而死。」「麥，金也。金旺而生，火旺而死。」「黍，禾屬。」「秔，稻屬也。」「秫，稷屬。」「稷，五穀之長也。」「粟，嘉穀之實也。」崔豹《古今注》云：「稻之黏者為秫，禾之黏者為黍。」《廣雅》云：「大麥，麰也。小麥，䅘也。」《爾雅》云：「粢，稷也。稌，稻也。」又云：「戎菽謂之荏菽。」此五穀之別名也。《周禮·冢宰》：「三農生九穀。」鄭眾云：「九穀，黍、稷、秫、稻、麻、大小豆、大小麥。」鄭玄則謂九穀無秫、大麥，有粱、苽也。又《膳夫》「饋食用六穀」，《注》云：「六穀，稌、黍、稷、粱、

〔註16〕稷屬土，四庫本作「稷受土」，據湖北叢書本、叢書集成初編本改。
〔註17〕粟，叢書集成初編本作「栗」。

麥、苽也。」食醫所謂牛宜稌，羊宜黍，豕宜稷，犬宜粱，雁宜麥，魚宜苽也。《星經》又有八穀，稻、黍、粟、麻、大小麥、大小豆也。《易》《詩》俱有百穀之稱。又楊泉《物理論》云：「粱者，黍稷之總名。稻者，溉種之總名。菽者，眾豆之總名。三穀各二十種，為六十。蔬果之實助穀各二十，是為百穀。穀者，眾種之大名也。」

匏瓜

朱子曰：「匏，瓠也。匏瓜繫於一處而不能飲食，人則不如是也。」〔註18〕

元按：《埤雅》云：「長而瘦上曰瓠，短頸大腹曰匏。」《詩》云「匏有苦葉」，是也。匏瓜蓋苦瓜，繫於彼而人不食者也。金履祥云：「此二句蓋當時俗語耳。」黃震《日鈔》云：〔註19〕「黃勉齋宰臨川時，見臨川人應抑之《天文圖》有瓠瓜星，其下注雲：《論語》『吾豈匏瓜』，正指星言。蓋星有瓠瓜之名，徒繫於天而不可食，與『維南有箕，不可簸揚』四句同義。又建昌吳觀附此於《四書疑義》中。」〔註20〕

瓜

陸德明氏曰：「魯《論》瓜作必。」

元按：《大戴禮》云：「五月，乃瓜。乃瓜者，治瓜之辭也。八月，剝瓜。剝瓜者，畜瓜之時也。」《禮記》云：「為天子削瓜者副之，巾以絺；為國君者華之，巾以綌；為大夫累之，士疐之，庶人齕之。」此貴賤食瓜之等也。又曰：「瓜祭上環。」而詩人之獻皇祖，亦云「田有瓜」。盧諶祭法以夏祠、秋祠皆用瓜。然則孔子食瓜，未必不祭始種瓜人也。若曰蔬食菜羹瓜，孔子必祭，祭必敬，亦無不可，何必曰「瓜作必」乎？《餘冬序錄》亦云當以瓜為句。

薑

元按：《本草》云：「薑，味辛，微溫。久服，去臭氣，通神明。」《春秋運斗樞》云：「璿星散為薑土。失德逆時，則薑有翼而不辛。」《援神契》云：「椒、薑御溼。」《檀弓》云：「食肉飲酒，必有草木之滋焉。」蓋謂薑桂之類也。《急就章》云：「葵、韭、蔥、薤、蓼、蘇、薑。」顏師古《注》云：「薑，御溼菜也。辛而不葷，故齊者不撤焉。」

〔註18〕也，湖海樓本、湖北叢書本、叢書集成初編本無。
〔註19〕鈔，四庫本作「抄」，據湖海樓本、湖北叢書本、叢書集成初編本改。
〔註20〕觀，四庫本作「覲」，據湖海樓本、湖北叢書本、叢書集成初編本改。

藻

邢昺氏曰:「藻,水草有文者也。」

元按:《詩》云:「于以采藻,于彼行潦。」《注》云:「藻,聚藻也。」《左傳》云:「蘋繁薀藻之菜。」《注》云:「薀,聚也。」此草好聚生,故言薀藻也。陸機云:「藻生水底,有二種。其一種葉雞蘇,莖大如箸,長四五尺;其一種莖大如釵股,葉知蓬蒿,謂之聚藻。」然則藻之有文者,蓋聚藻也。虞舜作服,繪藻以象其文,而臧文仲居蔡,畫藻于梲,亦取其文也。

松　柏　栗

孔融氏曰:「凡建邦立社,各以其土所宜之木。」

元按:《禹貢》青州鉛、松、怪石,荊州杶、榦、栝、柏,是木於五方各有所宜也。〔註21〕故邢昺云:「夏都安邑,宜松;殷都亳,宜柏;周都豐、鎬,宜栗。是各以其土所宜木也。」《白虎通》引《書》云:「太社唯松,東社唯柏,南社唯梓,西社唯栗,北社唯槐,厥兆天子爵。」今《書》無此語。又《公羊傳》云:「虞主用桑,練主用栗。」則三代所奉社,或以松、柏、栗為神之主,非植此木也。杜預、程伊川俱有此說,蓋以《左傳》陳侯擁社以見鄭子展。擁社者,謂載社主以往也。古以木為主,而後世更以石,圖堅永耳。《春秋正義》云:「古《論語》哀公問主於宰我,孔、鄭以為社主,張、包、周並以為廟主。是周禮廟主用栗,後代循之,至今未改也。」

唐棣

何晏氏曰:「唐棣,栘也。華反而後合。」

元按:《爾雅》云:「唐棣,栘也。」郭璞云:「似白楊,江東呼扶栘。」〔註22〕陸機云:「一名雀梅,其華或白或赤。」《本草》云:「扶樹即唐棣也,亦名栘楊,團葉弱蒂,微風大搖。」此即《召南》「何彼襛矣,唐棣之華」是也。《爾雅》又云:「常棣,棣也。」郭璞云:「棣子如櫻桃,可食。」此即《小雅》「常棣之華,鄂不韡韡」,〔註23〕「彼爾維何,維常之華」,是也。《丹鉛續錄》云:「棠,古作裳。《管子‧地員篇》『其木宜赤裳』,裳又作常,又轉而為唐,故《詩》云『唐棣』『常棣』也。」若然,則常棣為一種矣,豈楊慎氏亦未之考乎?唐棣、常棣本為二物,《補筆談》云:「唐棣即扶栘,扶栘即白楊也。

〔註21〕木,四庫本作「才」,據湖海樓本、湖北叢書本、叢書集成初編本改。
〔註22〕扶栘,湖海樓本、湖北叢書本、叢書集成初編本作「扶栘」,下同,不出校。
〔註23〕韡韡,四庫本作「韡韡」,據湖海樓本、湖北叢書本、叢書集成初編本改。

陳藏器不知扶移即白楊,乃於《本草》白楊之後又重出扶移一條。扶移一名蒲移,《詩疏》云『蒲移,白楊』,是也。蒲移乃喬木,〔註24〕而棠棣即今之郁李。《豳風》云『六月食鬱及薁』,《注》云:『鬱,棣屬。』即白移也。又謂車下李,是為棠棣。〔註25〕薁即郁李也。郁、薁同音,又謂薁蘡,蓋其實似蘡。蘡一作櫻,即含桃也,是為常棣。陸機以唐棣為郁李,《本草》以郁李為車下李,皆誤。」

論語類考卷二十

〔註24〕木,湖海樓本、湖北叢書本、叢書集成初編本作「才」。
〔註25〕棠,湖北叢書本、叢書集成初編本作「常」。